数字人文
研究与实践

康迪
张娟
毛雅君

——

等著

中国青年出版社

图书在版编目（CIP）数据

数字人文研究与实践 / 毛雅君等著. -- 北京 : 中
国青年出版社，2024. 12. -- ISBN 978-7-5153-7575-5

Ⅰ．C39

中国国家版本馆CIP数据核字第2024XX2523号

数字人文研究与实践

作　　者：毛雅君　张娟　康迪　等

责任编辑：岳虹

书籍设计：郭子仪

出版发行：中国青年出版社

社　　址：北京市东城区东四十二条21号

网　　址：www.cyp.com.cn

编辑中心：010-57350401

营销中心：010-57350370

经　　销：新华书店

印　　刷：北京汇瑞嘉合文化发展有限公司

规　　格：710mm×1000mm　1/16

印　　张：15.25

字　　数：182千字

版　　次：2024年12月北京第1版

印　　次：2024年12月北京第1次印刷

定　　价：80.00元

本图书如有印装质量问题，请凭购书发票与质检部联系调换。联系电话：010-57350337

目　　录

前　言

随着大数据、人工智能等现代信息技术的迅猛发展，以文本编码处理、挖掘关联分析、语义检索等为代表的数字化、网络化技术为人文领域的研究打开了全新的视野，推动着人文学科认知模式与研究范式的转变和发展。在此背景之下诞生的数字人文，作为一门新兴的跨学科领域，融合了计算机科学、信息科学、统计学等现代技术与人文学科的研究内容，为人文研究注入了新的活力，开创了学术探索的新天地。它不仅代表着人文研究的新方向，更预示着人类文化传承与发展的新篇章。

数字人文浪潮的兴起为图书馆赋予了新的使命和机遇。一方面，作为知识的传播者和服务的提供者，图书馆凭借在知识获取、组织、管理和传播方面的专业能力，成为推动数字人文发展的重要力量。近年来，国内外图书馆积极主导和参与数字人文项目的建设，推动数字资源的数字化、标准化和共建共享，为研究者与社会大众提供便捷的获取和利用途径。同时，图书馆积极探索着包括数字图书馆建设、数字人文平台搭建等数字人文技术在图书馆服务中的应用，为数字人文研究提供支持和服务。可以说，数字人文的发展赋予了图书馆新的使命，使其成为推动数字人文进程的关键力量。另一方面，数字人文技术的兴起与发展为图书馆提供了挖掘、整合和揭示海量馆藏文献信息资源的新可能。凭借图书馆得天独厚的资源优势，图书馆在数字人文领域的研究和服务中发挥着不可替代的作用，占据着举足轻重的地位。

数字人文的发展历程经历了从人文计算到数字人文的范式转变。研究对象从最初的文本扩展到图像、音频、视频、空间地理等多种形式，研究方法也从文本挖掘扩展到语义关联、知识图谱构建、数据可视化、地理信息系统技术等，跨学科特征日益显现。我国数字人文研究起步较晚，但近年来发展迅速，学术成果数量逐年增加，学科体系、人才培养和学术共同体建设逐步完善，展现出蓬勃的生命力。

本书旨在为读者提供一部全面、系统的数字人文研究与实践的指南。它厘清了数字人文的核心概念、基本特征、相关内容与历史脉络，系统地介绍了数字人文研究的理论基础、技术方法，并结合经典案例分析，全面解读数字人文在各领域中的建设与发展现状。同时，本书以"北京文脉"项目为例，探讨了数字人文在地方文化研究领域中的具体实践，为数字人文实践提供了理论参考与可行方案，为人文学者提供全面的理论指导和实操指南。

本书是2022年北京市宣传文化高层次人才培养资助项目"数字人文工作室"的研究成果。课题结项后，我们将会继续对课题内容进行跟踪研究，对"北京文脉"实证项目进行修改与优化，不断丰富完善图书馆在数字人文领域的研究和应用实践。本书共分为六章。第一章是绪论，介绍了数字人文研究的背景、发展历程、目标、内容和意义，为读者奠定对数字人文的整体认识。第二章是数字人文基础理论，阐述了数字人文的定义、要素，并重点介绍了知识表示、基础设施和理论方法，为读者提供了理解数字人文的理论框架。第三章是数字人文技术方法，介绍了基于文本、图像、空间和多模态的技术方法，并分析了不同的技术在具体数字人文实践场景中的应用路径，为读者提供了具体的技术工具和手段指南。第四章是数字人文项目案例分析，选取了文学、文化遗产、史学、艺术四大领域的重点数字人文项目进行案例分析，展示了数字人文在不同领域的应用实践。第五章是数字人文项目实证研究，以"北京文脉"项目为例，探讨了数字人文在地方文化研究领域中的实践，为数字人文实践提供了理论参考与可行方案。第六章是研究结论与展望，总结了本书的研究成果和创新点，并展望了数字人文的未来发展趋势。

本书的具体分工如下：

本书整体结构设计和统稿由毛雅君负责。

第一章由李晶莹和董文畅联合撰写；

第二章由沈丹云撰写；

第三章由曾子洋和康迪联合撰写；

第四章由李倩和董文畅联合撰写；

第五章由康迪和张娟联合撰写；

第六章由张娟撰写。

本书的写作风格力求深入浅出，兼顾理论的严谨性与实践的实用性，希望能够为数字人文领域的研究者和实践者提供有益的参考和借鉴。在数字人文的道路上，我们仍在探索前行。未来，随着技术的不断进步和学术研究的深入，数字人文必将迎来更加广阔的发展前景，为人类文明的传承与发展做出更大的贡献。

　　由于水平有限，书中难免存在不足之处，恳请各位读者批评指正。

编者

2024年10月

第一章

绪　论

一、数字人文研究背景

步入信息时代，信息技术的快速发展和广泛应用正在不断重塑我们的世界。特别是在大数据、云计算、人工智能和移动互联网等新兴技术的普及下，信息的获取、存储、处理和分析方式发生了根本性变革。这些技术不仅影响了科学技术领域，也深刻改变了人文学科的研究方法。在此背景下，"数字人文"（Digital Humanities）应运而生，成为一个融合计算机科学、信息科学与人文学科的跨学科研究领域。

尽管学界对数字人文尚未形成统一的定义，但其核心内涵已经得到了相对广泛的共识：数字人文起源于"人文计算"（Humanities Computing），关注计算技术和人文学科的结合，从一开始便带有跨学科属性。[1]数字人文旨在探索如何利用先进的数字技术对传统的人文学科问题进行深入探索与创新解读。其核心在于通过数据分析工具和多媒体表达手段，实现对文本、历史文献及文化现象的新视角审视。这种转变不仅是技术层面的应用，更是方法论上的重大革新，为人文学科注入了新的活力，开启了全新的研究路径。通过对海量数据的挖掘与分析、复杂模式的识别与可视化、历史文献的数字化保存与传播以及文化现象的模拟与预测，数字人文的实践正在重新定义知识的边界，推动人文学科与技术学科的深度融合，为传统学术研究提供了全新的视角和工具，同时也为学术成果的传播和教育的创新提供了更广阔的平台。

1.王晓光."数字人文"的产生、发展与前沿[C]//全国高校社会科学科研管理研究会.方法创新与哲学社会科学发展.武汉：武汉大学出版社,2010:207-221.

随着数字人文的不断发展，其对传统人文学科的影响日益显著，主要体现在两个方面：对研究方法的革新，对跨学科合作的深化。

一方面，数字人文的兴起在人文学科领域内引发了一场深刻的自我反思与重构。这股潮流不仅引入了计算技术，而且对传统的研究方法进行了彻底的革新。在文学、历史、艺术等学科中，数字人文推动了从定性研究到定量研究的转变。例如自然语言处理技术（Natural Language Processing，NLP）的应用让研究者能够对文学作品进行自动化的词频分析、主题建模和情感分析，从而揭示出文本的内在结构和主题演变。这种技术不仅提高了研究的效率，还开拓了新的研究视角，使研究者能够发现传统阅读和分析方法难以察觉的模式和趋势。此外，数字人文还促进了文献学和档案学的现代化。数字化文献的编纂、在线数据库的建立和虚拟展览的举办，不仅拓宽了人文学科的研究边界，也提高了研究成果的可访问性和影响力。这些活动使得大量珍贵的历史文献得以保存和传播，为全球范围内的研究人员提供了丰富资源。同时，数字化工具使得文献的检索和管理变得更加便捷，极大提高了研究效率。

另一方面，数字人文的发展显著推动了跨学科合作的深化，促使不同研究方向和领域之间相互融通。社会网络分析技术的应用为研究者提供了强大的工具，使他们能够深入探索文学作品中错综复杂的人物关系网络，从而揭示隐藏在文本背后的社会结构与文化模式；大数据分析和机器学习技术则赋予了学者们前所未有的能力来处理和解析海量的文化数据集，从中发现新的文化现象模式与趋势。与此同时，计算机科学家与人文学者携手探讨数据伦理问题，确保技术应用不仅高效而且合乎道德规范；统计学家与历史学家紧密合作开发出创新性的统计模型，用于更加精确地分析历史数据。这些跨学科的合作不仅整合了来自各个领域的知识、理论和方法，还为解决复杂且综合性的人文问题开辟了全新的路径，极大地拓展研究者的视野，加深了对文化内在逻辑及社会发展机制的理解。随着数字人文研究不断深入发展，它正逐渐成为推动文化传承与学术创新的关键力量。

　　展望未来，数字人文有望继续拓展其研究视野，激发更多跨学科的合作，为人文学科的未来发展注入新的活力。期待这股潮流能够持续推动知识边界的扩展，为文化遗产的保护、知识的普及以及教育模式的革新提供强大的动力。在数字人文的引领下，学术界将迈向一个更加开放、多元和互联互通的新纪元。

二、数字人文研究的发展历程

（一）国外数字人文研究的发展历程

　　数字人文研究在全球范围内的发展大致经历了起源、初步发展、壮大发展和成熟4个阶段。从20世纪中叶的初步尝试到21世纪初的快速发展，数字人文已经形成了多学科交叉的研究格局，涵盖了历史、文学、语言学、哲学、音乐、艺术、考古学等多个学科领域。因此，数字人文研究的发展历程可谓是一个跨学科领域逐渐成熟并广泛应用的过程，以下就各发展阶段的情况做一简述。

　　1. 起源阶段（20世纪中期前后）

　　数字人文的起源可追溯至20世纪40年代，此时计算机科学作为一门新兴学科，正逐步从军事和科研领域向更加广泛的应用领域拓展，为人文学科的数字化提供了技术支撑。这一时期的工作主要集中在文本的电子化和初步的计算分析。

这一阶段的成果，最为突出的是1949年意大利神父罗伯特·布萨在国际商业机器公司的帮助下，利用大型计算机对托马斯·阿奎纳的著作《圣托马斯》编纂了所有词语和相关作者的索引，这标志着计算技术在人文学科中的初步应用。还有美国学者弗雷德里克·杰姆逊在文学计量学方面的初步尝试，他利用统计和计量方法，对大量文学作品进行了系统的数据化处理和分析。这一尝试提供了人文研究新的方法论，推动了文学研究的量化转向。这些在人文研究上的新探索，共同奠定了数字人文的技术和方法基础。

2. 初步发展阶段（20世纪中期至90年代初）

随着计算机和网络技术的普及，该阶段主要是将大量文献、手稿和艺术品的内容、数据和信息转化为数字格式，即进行数字化处理，传统典籍数字化工作得以展开和深入，为后续的计算分析打下基础。此时期的工作不仅集中在文本的电子化和初步的计算分析，还显著体现在对数字技术的积极探索和应用上。1978年，苏联科学家M.安德柳新科提出"电子计算机与人文学科"概念，指出应在经济学、心理学、语言学、法学、社会学等领域培养一批使用电子计算机的人，同时，在建立与人文学科相关的计算体系时，强调应有人文学科的学者参与。因此，"人文计算"开始兴起，"数字人文"的概念逐渐形成，并得到学界的广泛关注。

这一阶段建立了大量的数字资源库，形成数字图书馆、数字档案馆和数字博物馆等，为人文研究提供了丰富的数字资源。例如，1990年美国国会图书馆开启了数字图书馆的新时代，成为数字图书馆发展的一个标志性起点。随后，联合国教育、科学及文化组织在1992年发起"世界记忆"工程，该工程将数字技术应用于世界文化遗产的保护工作中，这可以视为数字档案馆和博物馆领域的重要里程碑。1995年，包括美国博物馆、法国卢浮宫在内的多家欧美博物馆着手进行数字化存储项目，这进一步扩大了数字技术在人文领域的应用范围。此外，光学字符识别（Optical Character Recognition，OCR）技术在此阶段初步应用，这一技术极大地提高了文本数字化的效率和准确性。

3. 壮大发展阶段（20世纪90年代至21世纪初）

互联网技术的飞速发展为该领域带来了显著的变革。"人文计算"发展到"数字人文"，不仅体现在概念名称的变化，更体现在研究范式的转变。人文计算的研究对象主要为文本，研究方法多为文本挖掘、词频分析等。[1]数字人文研究者开始利用先进的信息技术手段对数字化的人文资源进行文本挖掘、地理信息系统空间分析和数据可视化等复杂的研究，并将其研究成果的呈现方式逐步从传统的文本、图像扩展到音视频、数字地图、虚拟现实、三维动画等形式。同时，算法的应用也从语言学扩展到艺术、史学、社会学等多个领域。此外，2000年前后，互联网开始深入改变人们的生产生活。一方面，个人知识生产能

1.林施望.从"人文计算"到"数字人文"——概念与研究方式的变迁[J].图书馆论坛,2019,39(8).

力得到提高；另一方面，知识交流的环境不断改善。随着互联网的发展，数字人文研究者开始形成网络社区，促进了学术交流发展。因此这一时期，数字人文领域无论是研究对象和方法的多样化，还是研究环境的社区网络化，都促使数字人文的跨学科特征日益显露。

先进的信息技术手段在数字人文研究中不断得到应用，形成了各种类型数字人文的全文检索、语料库以及研究工具。例如，从2000年开始建设的中国历代人物传记资料库（China Biographical Datebase Project，CBDB），致力于收集和数字化中国历代人物的传记资料，通过统计分析、网络分析和空间分析，揭示历史人物的生活模式、社会关系网络及其地理分布特征，为群体传记学的研究提供了强大的工具。信息技术的应用不仅提高了人文研究的效率，还为人文学者提供了更广泛的研究视角和更丰富的数据呈现方式。这一时期，学者们还逐步意识到作为人文研究本质和共性的批判思维在人文计算中的重要作用。比如，在对技术和人文研究之间关系的认识方面，认为不能仅仅使用数字工具去拓展人文研究，还要对那些方法和预设有所反思；又比如，在重视技术的同时，也要注意批判思维的运用，避免陷入不加批判地沿用已有技术模式或单纯模仿技术。这些成果的取得和思想的转变，得益于网络技术的发展对学术交流的促进和保障，如人文计算（Humanities Computing）、数字人文现在（Digital Humanities Now）等论坛和网站的出现，《文学与语言学计算》（*Literary and Linguistic Computing*）《数字人文学刊》（*Digital Scholarship in the Humanities*）等期刊的创立，为数字人文学者的交流和资源共享搭建了友好的平台，促进了整个数字人文领域的交流和发展。

4. 成熟阶段（21世纪初至今）

在2010年以后，数字人文开始呈现出一个高速发展的态势。在这一阶段，其研究对象不再局限于文本和语料库，一切人文学科甚至泛人文学科皆可成为其研究对象；其研究方法和技术工具也不再局限于文本挖掘和数码化格式转换，地理信息系统、社会网络分析以及数据库和平台应运而生，一些前沿技术，如机器学习、大数据、人工智能、神经网络等均被纳入研究体系中。[1]数字人文不仅在技术应用上实现了更深层次的拓展，更在促进学科间的整合与协作方面也取得了显著的成就。这一进展主要得益于数字人文通过跨领域和跨学科的方法，有效地整合了不同学科的知识和研究方法，推动了学科交叉融合的深入发展。再者，数字人文的研究视野日益宽广，涵盖了历史、文学、语言学、哲学、音乐、艺术、考古学等多个学科领域，体现了其在学术研究中的广泛影响力和深远意义。

数字人文研究逐渐扩展到多个学科领域，形成了多学科交叉的研究格局。人文学者在研究过程中借助机器学习、大数据、人工智能等技术，可有效解决人文学科中的复杂问题。例如，斯坦福大学的文学实验室项目利用文本分析技术研究19世纪小说的语言风格变化。中国历史地理信息系统（China Historical Geographic Information System，CHGIS）项目是地理信息系统技术在考古学中的应用，通过数字化手段重建历史地理环

1.吴利俊,辛继宾,宋元明.数字人文研究概念、学科和热点的演变与趋势[J].图书馆理论与实践,2023(4).

境，为研究历史地理提供新视角。"数字敦煌"项目，利用虚拟现实、增强现实和交互现实技术，营建了一个多媒体及虚拟情景展示与服务的数字人文传播平台。

近年，生成式人工智能（Artificial Intelligence，AI）技术的发展为数字人文研究实现了转型和创新，数字人文研究正在向"人工智能人文"转型。例如，人工智能技术，尤其是计算机视觉技术，可以分析图像和视频资料，自动识别和分类视觉元素，为艺术史和文化研究提供了新的分析工具。

（二）我国数字人文研究的发展历程

作为数字技术与人文学科交叉融合的新领域，数字人文是近20年全球人文研究领域的最大动向，中国也不例外。在中国，数字人文的发展起初受到国际学术界的影响，并在此基础上融合了中国特有的人文学科研究成果和特色。中国数字人文研究的探索路径体现了对国际趋势的积极响应和本土化创新，正在逐步形成具有中国特色的学术研究，并在全球数字人文研究领域中发挥越来越重要的作用。

1. 引入与探索阶段（20世纪80年代至21世纪初）

2000年前后，"数字人文"这个术语开始进入中国人文学者的视野和话语之中，此一时段正是数字人文研究在全球壮大发展的阶段。学者们开始关注如何将计算机技术应用于文史哲等人文学科的研究中，进行初步的数字化尝试和理论探讨。同时，中国的人文学者通过参加国际数字人文会议、参与国际项目等方式与国际数字人文界开展交流与学习，推动了数字人文在中国的传播和发展。

1984年，计算机技术开始应用于社会学、文献学、文学研究领域。中国国家图书馆和上海图书馆最早在中国图书馆界开始了数字图书馆建设，以此方式开始人文计算实践探索，比我国的博物馆界和档案馆界起步更早。再如，20世纪七八十年代，我国已经开始古籍文献数字化工作，从引介国外文献数字化的理论与实践经验开始，逐步摸索制作了"全唐诗""文渊阁四库全书"等电子检索系统，由开发单机版的单个数据库，到建设可用于互联网的综合数据库，如"中国基本古籍库"等，再到借助人工智能技术进行深度挖掘的数字化综合服务平台，其发展日新月异，为中国的数字人文研究奠定了理论和实践基础。

2. 发展与深化阶段（21世纪初至2010年）

2000年，文化部开始在全国倡导实施中国数字图书馆工程，开始从国家层面自上而下地推动历史文献资源数字化，图书馆界大规模的数字图书馆建设为数字人文研究所需的数字化资源奠定了基础。而由人文领域发起的"中国历史地理信息系统""中国历代人物传记资料库""中国哲学书电子化计划""中华经典资源库"等项目，开始超越资源的数字化，成为中国数字人文领域最具代表性和影响性的项目。其引领和推动数字人文发展，一些后来在数字人文理论范式体系中耳熟能详的理念，如"标准规范""数据化""跨学科""数据开放"等，开始萌芽。

我国学者开始系统地研究数字人文的基础理论和实践方法。研究重点逐渐从单纯的文本数字化转向更深层次的文本分析、语义理解和知识发现。同时，数字人文的研究领域也在不断拓宽，并出现了一批成熟的数字人文实践项目，项目的发起领域和应用领域覆盖了语言学、文学、历史学、人类学、哲学、艺术等主要的人文学科。目前各机构数字人文研究中心和项目建设均比较成熟，其提供的资源服务包括文化遗产数字化、历史记忆传承、古籍联合查询等，充分发挥了数字人文学科交叉融合的优势。

3. 成熟与拓展阶段（2010年至今）

随着数字技术的快速发展，中国的数字人文研究进入了成熟与拓展阶段。从2012年，数字人文兴起了一波研究热潮，涉及文学、哲学、史学、语言学等传统学科，直接进入了成果发表、课题立项和专业机构建立的"井喷期"。尤其2017年以后，中国在该领域的学术成果数量开始明显增加，近几年呈现出赶超英国、德国和意大利等国家的趋势。学者不仅关注数字技术在人文学科中的应用，更重视跨学科的整合与创新。数字人文的研究开始与国家文化数字化战略相结合，探索中华文化全景式呈现的新途径。

此外，数字人文学科体系、人才培养开始逐步建设，如：武汉大学、北京大学、清华大学、中国人民大学、南京大学、上海师范大学等各大高校跨学科的数字人文中心相继成立，三大国家级学会（中国社科情报学会、中国索引学会、中国科学技术史学会）成立次一级的数字人文专业委员会，意味着跨学科的学术共同体初步形成；一些高等院校建立了数字人文学科本硕博全流程培养规划，标志着"数字人文"的人才培养和学科体系建设已经起步。[1]

1.夏翠娟,祁天娇,徐碧姗. 中国数字人文学术体系构建考察——基于实践项目的内容分析和文献研究[J]. 数字人文研究,2023(4).

2021年,《中华人民共和国国民经济和社会发展第十四个五年规划和2035年远景目标纲要》提出要"加快数字化发展 建设数字中国",这为数字人文发展提供了政策支持,而人工智能、大数据、区块链、虚拟现实和增强现实等数字技术的创新应用则为数字人文发展提供了技术保障。我国数字人文发展已经超出了以往的方法、工具与观念束缚,充分利用并体现了数字人文跨学科的特质,有力促进了人文社科与信息技术的深度融合与创新发展。

数字人文作为一个新兴的跨学科领域,其发展历程体现了技术进步与人文关怀的相互结合。未来,随着大数据、人工智能等技术的发展和广泛应用,数字人文研究的发展将继续推动学科间的融合与创新,引导人文研究向更加深入和广阔的范围发展。在中国,随着国家对文化数字化战略的重视,数字人文研究将面临前所未有的发展机遇,有望在文化遗产保护、文化传播以及人文学科的创新发展中扮演更加重要的角色。

三、数字人文研究现状

(一)国外研究现状

整体上看,国外数字人文领域的实践与理论齐头并进。一方面,大量的具体项目和应用展示了数字技术在人文学科中的广泛应用和创新能力;另一方面,理论探讨不断深化,为数字人文的发展提供了坚实根基。这种实践与理论的双重推进,不仅推动了学科内部的革新,也为跨学科合作提供了新的契机。以下是对国外数字人文领域当前主要趋势和研究进展的概述。

1. 大规模文本挖掘

大规模文本挖掘是数字人文研究的重要组成部分，它利用自然语言处理技术对大量文本数据进行自动化分析。通过词频分析、主题建模、情感分析等方法，研究者能够揭示文本中的模式、主题和情感倾向。例如，斯坦福大学的"文学实验室"（Literary Lab）项目使用大数据分析技术研究文学风格的变化和作者身份问题。该项目通过对数百万篇小说的分析，发现了不同历史时期文学风格的演变规律。此外，英国国家档案馆的"档案探索者"（Archives Unleashed）项目利用文本挖掘技术处理了大量的网络档案数据，帮助研究人员发现社会趋势和文化变迁。

在理论层面，约翰纳·德鲁克强调数字人文应当是一种"批判性实践"，不仅关注数据分析，还要质疑和反思数据本身的意义。[1]弗兰科·莫莱蒂提出"远读"（Distant Reading）概念以区别于传统的"细读"（Close Reading）方式，挑战了传统的人文研究方法。[2]这些理论观点为大规模文本挖掘提供了重要的指导，使其不仅仅是技术的应用，更成为一种新的研究范式。

2. 文化数据可视化

文化数据可视化是指将复杂的数据集转化为直观的图形或图表，以增强信息的可读性和传播效率。时间线、地图、网络图和热力图等可视化工具被广泛应用于展示历史事件的时间序

1.Drucker J. Humanities Approaches to Graphical Display[J]. Digit. Humanit. Q, 2011, 5.
2.Tally, R. T .Graphs, Maps, Trees: Abstract Models for a Literary History[J]. Modern Language Quarterly, 2007, 68(1).

列、地理分布和社会关系网。例如伦敦国王学院的"维多利亚时代伦敦"(Victorian London)项目,该项目通过制作详细的互动地图,展示了19世纪伦敦的城市布局和社会结构。

列夫·马诺维奇提出"文化分析"的概念,强调通过可视化手段对大规模文化数据进行分析,揭示现象背后的模式和趋势。他认为,可视化不仅是数据展示的工具,也是一种叙事方式。[1]这种理论观点促进了文化数据可视化的深入发展,使其成为一种强大的研究和传播工具。

3. 公众参与式项目

公众参与式项目是数字人文的一个重要特征,它鼓励普通民众参与到学术研究过程中。这种参与可以通过多种方式实现,如众包转录历史档案、在线协作编辑数据库、共同撰写维基百科条目等。例如,"古腾堡工程"(Project Gutenberg)通过志愿者的努力将大量的公共领域图书数字化;"史密森尼转录中心"(Smithsonian Transcription Center)则邀请公众帮助转录博物馆收藏的历史文件。此外,"众包遗产"(Crowdsourcing Heritage)项目通过在线平台让公众参与文化遗产的数字化工作,包括照片标注、文档转录等任务,极大地丰富了文化遗产的数字化资源。[2]

塔拉·麦克弗森讨论了数字人文如何促进学术研究的民主

1. Manovich L. Cultural Analytics: Analysis and Visualization of Large Cultural Data Sets[M]. Cambridge, Mass: MIT Press, 2020.
2. Terras M. Crowdsourcing in the Digital Humanities: A Brief Overview[C] // A New Companion to Digital Humanities. Hoboken: Wiley-Blackwell, 2016: 519-534.

化，使更多人能够参与到知识生产过程中。她认为，通过公众参与，数字人文可以打破学术界的封闭性，实现知识的共享和传播。[1]这种理论观点强调了公众参与在数字人文中的重要性，推动了更多项目的实施。

4. 跨学科合作

数字人文是一个典型的跨学科领域，它融合了计算机科学、信息科学、统计学以及传统的人文学科。这种跨学科的合作不仅促进了知识和技术的交流，还催生了许多创新的研究方法和理论视角。例如，美国加州大学洛杉矶分校的"数字人文研究中心"（Center for Digital Humanities）会集了来自不同学科背景的研究人员，共同开展跨学科项目。其中的"洛杉矶城市空间的历史"（Mapping LA）项目结合了地理信息系统（Geographic Information System，GIS）技术、历史档案和口述历史，重建了洛杉矶城市发展的历史。此外，牛津大学的"早期现代印刷品数据库"（Early Modern Print）项目集合了图书学家、历史学家和技术专家，共同构建了一个包含15至17世纪欧洲印刷品的大型数据库。[2]

安德鲁·派普探讨了如何将定量方法与定性方法结合起来，提出了一种"混合方法"的研究框架，认为通过结合两种方法，可以更好地理解复杂的社会文化现象。[3]这种跨学科合作和

1.Mcpherson T. Digital Youth, Innovation, and the Unexpected[M]. Cambridge, Mass: MIT Press, 2007.

2.Eisenstein E L. The Printing Revolution in Early Modern Europe[M]. Cambridge: Cambridge University Press, 2012.

3.Piper A. Enumerating Literature: Textual Quantification and the Rise of the Novel[M]. Chicago: University of Chicago Press, 2018.

混合方法的应用，使得数字人文研究能够更加全面和深入地分析问题。

5. 开放获取与知识共享

开放获取运动提倡学术成果的免费访问，以促进知识的传播和文化交流。在数字人文领域，许多项目致力于创建开放的数据集、工具和平台，以便全球范围内的研究人员和公众都能够使用。例如，欧洲数字图书馆（Europeana）汇集了来自欧洲各地的文化遗产资源，提供了一个统一的在线访问平台。"开放图书计划"（Open Book Project）致力于将版权过期的经典著作数字化并免费提供给公众。该项目已经成功地将数千本经典书籍转化为电子格式，并通过其网站供全球读者免费下载。

保罗·亚瑟和金·马丁等学者探讨了数字人文中的数据伦理问题，强调在使用数据时应遵循严格的伦理标准，确保数据来源的合法性，并尊重数据主体的权利。[1]马修·戈尔德和劳伦·克莱恩编辑的《数字人文学的辩论》（*Debates in the Digital Humanities*）一书收集了多位学者的观点，讨论了数字人文中的技术决定论问题，呼吁研究者在使用技术的同时，保持对人文价值的关注，并服务于更广泛的社会目标。[2]这些理论讨论为开放获取和知识共享提供了伦理和方法上的指导，确保了数字人文研究的可持续性和公平性。

由上可见，国外数字人文领域已经形成了一个成熟且活跃

1.Arthur P L, Martin K. Ethics and the Practice of Digital Humanities[J]. Journal of Cultural Analytics, 2014, 1(1).
2.Gold M K, Klein L F. Debates in the Digital Humanities[M]. Minneapolis: University of Minnesota Press, 2016.

的研究体系。在实践中，大规模文本挖掘、文化数据可视化、公众参与式项目、跨学科合作以及开放获取与知识共享等方面取得了显著进展，为人文学科注入了新的活力。与此同时，学术讨论也在不断深化。国外学者从不同角度出发，提出了"批判性实践""远读""文化分析""混合方法"等重要概念，这些理论观点不仅丰富了数字人文的研究框架，还为其未来发展提供了方向性的指导。

（二）国内研究现状

近年来，中国的数字人文研究在国家政策的支持和新文科背景下迅速发展，逐渐形成了独特的研究体系。随着大数据、人工智能等技术的广泛应用，数字人文不仅推动了传统人文学科的革新，还促进了跨学科合作与创新。国家层面的高度重视为数字人文的发展提供了坚实的政策支持。

2022年，中共中央办公厅、国务院办公厅印发了《关于推进实施国家文化数字化战略的意见》，强调了数字人文在文化传承和发展中的重要作用。该意见指出，通过数字化手段保护和传承文化遗产，可以更好地服务社会公众，提升文化的传播力和影响力。2024年，人力资源社会保障部等9部门印发了《加快数字人才培育支撑数字经济发展行动方案（2024—2026年）》，提出优化培养政策，结合数字人才需求，深化数字领域新工科研究与实践，加强高等院校数字领域相关学科专业建设，加大交叉学科人才培养力度。这些政策文件不仅为数字人文研究提供了指导方向，还为其发展创造了良好的环境。

在新文科背景下，数字人文被赋予了新的使命和责任。许多高校和研究机构开始探索如何将数字人文融入文科建设中，推动跨学科合作和创新。例如，中国人民大学信息资源管理学院开设了数字人文硕士点，培养具有跨学科背景的复合型人才。此外，国家社会科学基金和自然科学基金也设立了专门的资助项目，支持数字人文领域的研究。现将我国数字人文领域的发展趋势和理论热点总结如下。

1. 文化遗产的数字化保护与展示

我国在文化遗产的数字化保护与展示方面取得了显著进展，如"董其昌数字人文展示系统""数字敦煌·数字藏经洞""北京记忆"等项目不但给大众提供了交互式、参与式体验，还增强了文化遗产的传播和教育功能。但在学术层面上，相关研究以应用研究、微观研究、单一研究为主，缺乏理论性、全局性、系统化、多视角的理论研究。[1]未来，随着理论体系的不断完善，数字化手段将在文化遗产的保护与传承中发挥更大的作用。

2. 地理信息系统在历史地理学中的应用

地理信息系统技术是全球范围内数字人文研究的重要热点之一。[2]在我国，地理信息系统在历史地理学中的应用日益广泛，历史地理信息化已经成为数字人文研究的主力军。[3]复旦大学历史地理研究中心利用地理信息系统技术构建了多个历史地理信息系统，为历史学者提供了强大的空间分析工具。现阶段，地理信息系统技术的应用已经从历史地理学扩展到了城市规划、环境保护等领域，未来有望在更多学科交叉研究中展现

1.周亚,许鑫.非物质文化遗产数字化研究述评[J].图书情报工作,2017,61(2).

2.李娜.国际数字人文研究的演化路径与热点主题分析[J].图书馆,2021(5).

3.陈刚."数字人文"与历史地理信息化研究[J].南京社会科学,2014(3).

出独特价值。

3. 跨学科合作促进人文研究转型

数字人文是艺术、历史、文学研究等多领域人文学科的研究在多种计算工具与方法（如数据挖掘、可视化等）支撑下的一种拓展。[1] 目前，我国很多高校和研究机构都建立了专门的跨学科研究团队，这种合作模式因得到了政府和高校的政策支持而更具系统性和组织性，极大推动了跨学科的交流与合作。我国的数字人文研究正在迈向更广阔的领域，开拓更为多元和深入的学术视野。

4. 公众参与激活文化传承新动力

研究显示，公众参与式项目在我国数字人文领域的活跃度逐渐增高。[2] 如上海图书馆的家谱知识服务平台项目通过动员公众参与，极大地丰富了家谱资源的数字化内容，提升了公众对于传统文化的认知和参与度，成为我国数字人文领域公众参与的一个典范案例。未来的研究趋势将更加注重公众参与的普及性和教育性，通过各种线上线下活动，激发公众对文化遗产的兴趣和参与热情。

5. 开放性数据库促进知识共享

开放获取运动在我国数字人文领域也得到了积极响应。有学者指出，数字人文不仅革新了人文研究的范式，还意味着全

---

1. 潘雪, 陈雅, 等. 国外高校数字人文课程设置结构分析——以 iSchools 联盟为例 [J]. 数字图书馆论坛, 2017(10).
2. 张旭, 洪逸暄, 尤剑. 我国数字人文研究热点与趋势 [J]. 图书馆工作与研究, 2023 (10).

新的知识生产方式和知识交流模式。[1]这种具有互动性、带来全新感官体验的呈现方式增强了对观众的吸引力，从而推动了文化信息更迅速、更广泛、更深度地传播。[2]目前，我国众多学术机构和大学正在积极构建开放的数据集和平台，为全球范围内的研究者和公众提供便利。通过构建开放教育资源平台，共享教学材料和研究成果，已成为促进知识共享和学术交流的重要策略。

6. 理论探讨与方法创新

近年来，我国学者对数字人文的理论探讨和方法创新持续深化，提出了多项新观点。王丽华等认为数字人文是人文科学的一次质变，主张其实践应深入人文学科理论，推动内容与方法的革新。[3]柯平等从知识系统与认知方式角度，强调重构知识脉络，建立新的知识体系。[4]谷学强则从本体论和方法论出发，提倡加深对数字人文的探讨，确立其研究范式。[5]但学者们也普遍认为，国内数字人文的整体方法论和理论结构研究尚少，需更深入探讨以促进跨学科合作，推动人文学

1.夏翠娟.面向人文研究的"数据基础设施"建设——试论图书馆学对数字人文的方法论贡献[J].中国图书馆学报,2020,46(3).
2.何悄吟,王晓光.数实共生:预见数字人文未来图景——2023年中国数字人文年会综述[J].数字人文研究,2024(1).
3.王丽华,刘炜,刘圣婴.数字人文的理论化趋势前瞻[J].中国图书馆学报,2020,46(3).
4.柯平,宫平.数字人文研究演化路径与热点领域分析[J].中国图书馆学报,2016,42(6).
5.谷学强.媒介化时代的数字人文研究:脉络谱系、理论内涵与研究范式[J].新闻界,2021(1).

科发展。[1]

综合看来，我国的数字人文实践与理论在取得积极进展的同时，也面临着一些挑战和不足，存在着学科发展不平衡，区域发展不平衡，共建共享程度不高，共享共建程度不高，前沿技术自主性、原创性、开放性不足，以及跨越式发展导致后劲不足等情况。[2]面向未来，我国学者应该更注重本土化理论体系的建构，发展出具有中国特色的数字人文理论框架，在全球范围内提升其影响力，为文化多样性的保护与传承贡献力量。

四、数字人文研究目标与研究内容

数字人文的研究目标深刻体现了数字技术与人文学科交融的愿景，旨在通过前沿的数字技术和创新方法，为人文研究注入新的活力，提升其深度和广度。鉴于其研究领域的广阔性、研究范式的多维性等特征，数字人文的研究目标必然呈现多样性，以下就数字人文研究的核心目标加以概述。

（一）研究目标

1.创新知识生产模式

数字人文致力于跨学科合作，将人文学科与计算机科学、信息科学、统计学等领域相结合，应用数字技术，包括目前的人工智能、机器学习、大数据分析等最新技术，处理、提取和解释人文学科中的复杂数据，从而打破传统学科研究的局域性。数字人

1.刘炜,叶鹰.数字人文的技术体系与理论结构探讨[J].中国图书馆学报,2017,43(5).
2.夏翠娟,祁天娇,徐碧姗.中国数字人文学术体系构建考察——基于实践项目的内容分析和文献研究[J].数字人文研究,2023(4).

文研究可以从技术应用和人文学科两个维度来认识它。在技术应用方面，可从数字人文所需的数据类型角度，如文本、图像、多媒体、交互式等；或者从所采用的计算方法角度，如文本统计、内容分析、自然语言处理、图像分析、社会关系分析、可视化等方面着手。在人文学科方面，可通过对计量史学、文学统计学、计算语言学、量化人类学等不同学科的数字化研究方法进行知识体系的总结。[1]通过跨学科合作，以各自领域的专业知识和技术手段共同解决复杂的人文问题和社会挑战。这种合作模式不仅拓宽了研究的视野和思路，还推动了新知识、新方法和新技术的产生和发展，为人文研究注入了新的活力和动力。

2. 提高人文研究效率

传统的人文研究存在较多低水平重复性的工作，如资料查阅、文本标记、文本比对、文本版本辨析等，设计或使用数字工具和平台，可以让人文学者从艰辛的"体力活"中解放出来，从而能够将更多的时间和精力放在更加深刻的人文问题研究之中。[2]因此，技术工具与人文理论相互融合，能有效提高人文研究的效率，这也是数字人文研究领域的重要目标之一。利用数字化工具来处理大规模文本、图像和音频数据，研究者能够在较短的时间内更为精准地分析和理解人文领域涉及的大量复杂且难以直观理解的数据，如历史事件、社会变迁、文学创作等，进而揭示隐藏在人文现象背后的规律和模式。这不仅提高了人文研究的可扩展性和效率，还为人文学者提供了更加广阔的研

1.刘炜,刘越男,王晓光,等.建构中国自主数字人文知识体系的使命与路径[J].数字人文研究,2022,2(4).

2.冯志伟.数字人文研究的四个层次[J].南京师范大学文学院学报,2023(3).

究视野。

3. 构建学术开放共享环境

数字人文研究以跨学科合作为基石，必然倾向于倡导知识共享与开放获取的理念。如何构建一个跨界、开放、协作、互惠的学术交流环境，加速学术资源的转化，是研究者们的共同目标。目前在学界研究过程中创建的在线数据库、虚拟图书馆、数字档案等资源平台，绝大部分的数据是一种介于数据生命周期热端（正在积极开展协作审查的出版前记录）和冷端（以长期存档格式保存的已完成研究）之间的暖数据（可开放获取的半活跃数据）。[1]它们通常具有高价值且已在网页上开放共享，为数字人文学术研究和实践应用提供支撑和创新来源。[2]开放的学术环境，有助于加速学术资源的广泛传播，激发研究者之间跨领域、跨地区的合作与交流。

4. 提高人文教育质量

作为数字人文三位一体发展中的教育与科研、实践并驾齐驱，相得益彰。其在新文科教育中所体现出的格局之新、目标之新、结构之新和角色之新等，使之成为颇具典型性的高等教育"新物种"。[3]数字人文教育旨在培育、塑造具备跨学科知识、掌握数字技术并拥有创新思维的复合型人才。在教学过程中，充分利用数字技术和数字工具的优势促进教学相长。一方面，

1.Strange D,Gooch M,Collinson A.Equality,findability,sustainability:the challenges and rewards of open digital humanities data[J/OL].International Journal of Performance Arts and Digital Media,2023.
2.练靖雯,赵宇翔,李新月,等.枯木逢春犹再发：基于互联网档案循证的数字人文数据可持续访问和重用探索[J].情报理论与实践,2024,47(8).
3.冯惠玲.新文科与数字人文教育之新[J].数字人文研究,2022(4).

数字人文研究的发展为学习者带来了丰富、多元且互动的学习体验，不仅可以激发学习者的研究兴趣和参与热情，还有助于他们对人文知识的掌握和深入理解，提升其人文素养和综合能力。另一方面，这些深刻理解人文学科并能运用数字技术进行研究和创新的人才，将为人文学科的发展注入新的活力，推动学术界的持续发展和创新。

5. 应对全球性文化挑战与机遇

数字人文研究将应对全球性文化挑战与机遇视为其研究目标之一。一方面，全球化趋势促进了不同文化间的交流与融合，但也可能导致某些独特文化特征的淡化甚至消失，文化同质化现象逐渐显著。另一方面，数字技术的发展为独特的地方文化的保存提供了新的路径。通过数字技术保存，许多原本面临消失风险的文化遗产得以长久保存。[1]因此，数字人文研究的发展不仅在技术层面为世界各地的珍贵文化遗产保存提供个性化解决方案，同时在学术层面上，为研究者探索不同文化在全球化语境中的相互作用和影响提供新的方法论和理论框架，从而有效对抗文化同质化现象，保护文化多样性、促进跨文化交流等。

（二）研究内容

数字人文其所具有的跨学科特征，决定了其研究内容涉及广泛的领域和主题，包括但不限于以下几个方面。

1. 文本分析

数字人文首要需要实现的是对海量文献的充分掌握和便易分析，利用自然语言处理技术对文本进行深度挖掘和分析，包

1.王莉.数字化时代优秀传统文化的保护与传承[J].文化学刊,2024(8).

括文本分类、情感分析、主题建模、命名实体识别等，能够帮助研究者揭示文本中的隐含信息、情感倾向、主题结构和人物关系等，从而使研究者更深入地理解文本的艺术价值、史实意义和社会影响等。

2. 数据可视化

在数字人文研究中，数据可视化目前被广泛应用于历史数据分析、社会网络分析、文化传播研究等领域。通过将复杂的数据集转化为直观的图表、图像和动画等形式，可以清晰地展示数据之间的关系、趋势和模式，提高数据的可读性和可理解性，促进数据的共享和交流。

3. 数字出版

数字人文为学术出版提供了新尺度、新方法与新机遇，在可以预见的未来，数字人文和学术出版的深度融合既是数字出版的攻坚目标，亦是创新路径。[1]数字平台是连接数字人文研究者和出版机构的桥梁。一方面，出版机构利用数字平台提高知识生产与传播效率，提供不同于传统方式的出版服务形态；另一方面，数字人文学者利用电子出版平台、在线数据库和开放获取资源等渠道，将学术成果以数字形式发布和传播，加快学术成果的传播速度，降低出版成本和门槛，促进学术资源的共享和交流，为学术研究的深入发展提供有力支持。

4. 数字人文平台

数字人文视野下，数字共享平台的构建十分必要，通过数

1.范军,钟准健.数字人文视域下学术出版的数字变革与发展启示[J].中国数字出版,2024(3).

字人文共享平台能逐步实现各类研究模式、技术方法的聚合，消除资源数据获取障碍，并借助数字人文技术解决程序化研究工作和个人无法完成的研究任务。[1]因此，数字人文研究致力于如何建立系统先进、资源完整、功能完备、界面友好、工具丰富的平台，尝试从提供"数据"转换为提供基于"知识"的数字人文服务，并引入互联互通、共建共享的新协议与新模式，最终形成集知识发现、知识图谱、交互现实甚至深度学习、人工智能等多方面的多媒体全景数字人文传播平台。

5. 多媒体与跨媒体研究

数字人文研究通过融合文本、图像、声音和视频等多媒体资源，开辟了跨媒体分析的新领域，可以构建包含文学文本、相关艺术作品图像、同期音乐和历史视频片段等多媒体数据库，为比较研究和跨媒介分析提供了丰富的材料和多角度的视野。数字人文的跨媒体研究不仅增强了对文化深层含义的理解，还可以通过交互式展示和数据可视化技术，使研究成果更加生动和易于公众理解。

五、数字人文研究意义

随着全球信息化进程的不断加快，数字技术的广泛应用已成为推动社会变革的关键动力之一。尤其是在近十年中，大数据、云计算、人工智能、区块链等新兴技术的快速发展，极大地改变了人类的生产生活方式，也为学术研究带来了前所未有

1.陈海玉,王聪,陈雨,等.数字人文视野下专题历史文献资源数字共享平台构建探究——以西南联大历史文献为例[J].数字图书馆论坛,2024,20(4).

的机遇和挑战。数字人文作为这一时代背景下的新兴学科领域，融合了传统人文学科与现代信息技术，开创了研究和解读人文现象的新路径。因此，对数字人文研究的深入探讨，具有重要的理论和现实意义。

（一）理论意义

从理论层面来看，数字人文研究具有丰富和创新传统人文学科研究理论和方法的意义。人文学科历来注重质性的研究方法，通过文献分析、历史考证、文本解读等手段，探讨人类社会、文化、历史、艺术等领域的深层次问题。然而，传统方法在面对海量数据和复杂现象时，常常显得捉襟见肘。数字人文通过引入数据分析、文本挖掘、可视化展示等新技术，不仅大大提高了研究的效率，也使得研究者能够以新的视角发现隐藏在大数据背后的规律和模式。这种跨学科的融合，不仅丰富了人文学科的研究工具箱，也为人文研究提供了全新的范式，推动了学术研究的创新发展。

1. 丰富和拓展人文学科的理论体系

数字人文研究通过引入计算机科学、信息技术等现代科技手段，为人文学科提供了新的研究方法和工具，从而丰富了人文学科的理论体系。这种跨学科的融合不仅拓宽了人文学科的研究领域，还促进了人文学科与其他学科之间的理论对话和交流。本质上，数字人文是自然科学向人文学科，以及人文学科向自然科学的双向奔赴，二者相互影响和渗透，这正是新文科追求和探索的道路。[1]这种融合推动了人文学科理论的创新和发

1.冯惠玲.新文科与数字人文教育之新[J].数字人文研究,2022(4).

展，使得人文学科的研究更加开放和多元。

2. 促进人文研究方法的创新

数字人文的研究方法因其跨学科的性质而多种多样，着重强调量化研究与质性研究的结合。这些新方法涵盖了从定性分析到定量分析的广泛范围，比如：文本挖掘——利用自然语言处理技术对海量文本分析揭示词汇使用模式、情感表达和主题分布；数据可视化——通过图表、地图等形式，将复杂的数据结构和内在关系直观呈现；计算机建模——利用计算机技术对历史事件、文化现象等模拟探寻其演变路径和结果……这些新方法的引入不仅丰富了人文研究的方法体系，还推动了人文研究方法的创新和发展。

3. 深化对人文现象的理解

数字人文研究通过数据驱动的方法，对大量的人文数据进行深入挖掘和分析，揭示了人文现象背后的规律和趋势。这种基于数据的研究方法使得研究者能够更加客观、科学地理解人文现象，深化了对人文知识的认识和理解。

（二）现实意义

从实践层面来看，数字人文研究的意义在于其广泛的应用价值和社会影响力。数字人文的研究成果不仅限于学术领域，还在文化遗产保护、社会服务、公共教育等多个方面展现出广阔的应用前景。例如，通过数字化技术对历史文献、艺术品、考古遗址进行精确复制和永久保存，数字人文为保护和传承人类文明遗产提供了强有力的工具。同时，通过互联网技术的应用，这些数字化的文化资源可以更广泛地传播给全球观众，促进不同文化之间的理解与交流。此外，数字人文的研究方法还可以应用于公共政策制定、城市规划、社会治理等领域，为社会发展提供科学依据和技术支持，具有重要的现实意义。

1. 促进文化遗产的保护与传承

数字人文研究在文化遗产的数字化保护、修复和传播方面发挥了重要作用。通过将文化遗产进行数字化处理，可以使其得到永久保存，并通过互联网平台进行广泛传播，例如扫描古籍图书和绘本、使用虚拟技术复原古建筑模型和历史上的都市、开发和建设各种在线的声视频数据库等。这不仅有助于提升公众对文化遗产的认知和兴趣，还促进了文化遗产的传承和发展。

2. 支持政策制定与社会决策

数字人文研究通过对历史数据、社会现象等进行分析和挖掘，可以为政策制定者提供有力的数据支持和参考。这些基于数据的分析和预测可以帮助政策制定者更准确地把握社会动态和发展趋势，从而制定出更加科学、合理的政策。

3. 推动教育教学的改革与创新

数字人文研究为教育教学提供了新的手段和资源。通过建设数字化教学平台、开发数字化教学资源等，可以使得教学更加生动、直观和高效。同时，数字人文研究还促进了教育教学的改革和创新，推动了教育理念的更新和教学方法的改进。此外，优质的文化教育资源能够借助数字化手段跨越地域、经济发展水平等诸多限制，实时分享给所有使用者。

4. 推动公共文化服务体系建设

数字人文研究在图书馆、博物馆、公共教育、不同地区信息资源共享等方面助力颇多，是利用信息技术拓展公共文化服务能力和传播范围的重要途径，它能够发挥先进信息技术在公共文化服务中的基础作用，有利于解决当前制约公共文化服务体系发展的突出矛盾和问题，提升公共文化服务能力和服务水平。

5. 增强文化自信与国际交流

数字人文研究通过数字化手段展示和传播本国文化，有助于提升国民的文化自信和文化认同感。数字人文研究还促进了国际文化交流与合作，使得不同文化之间能够相互借鉴、相互融合，推动了世界文化的多样性和繁荣。数字人文研究也是学术交流与合作的催化剂。在全球化背景下，学术研究已不再局限于某一国家或地区的视野，而是越来越依赖于国际的合作与交流，通过互联网平台和开放数据共享，极大地促进了跨国界的学术合作。

六、本章小结

本章作为全书开篇，系统地介绍了数字人文研究的发展历程、研究目标、内容及其重要意义。

首先，本章探讨了数字人文兴起的背景，强调信息技术的快速发展推动了人文学科的数字化转型。数字人文不仅是技术手段的革新，更是一种全新的研究范式，促进了数字技术与人文学科的深度融合。

其次，本章回顾了数字人文在全球以及中国范围内的发展历程。从20世纪中期的初起到21世纪初的成熟，数字人文已逐渐形成了跨学科的研究格局，涵盖了历史、文学、艺术、哲学等多个学科领域。我国数字人文的发展体现了对国际趋势的积极响应和本土化创新，逐步形成了具有中国特色的学术研究。

再次，本章阐述了数字人文研究的核心目标，包括创新知

识生产模式、提高研究效率、构建开放共享的学术环境、提升
教育质量以及应对全球性文化挑战。这些目标共同构成了数字
人文研究的核心价值。在研究内容方面，本章列举了目前学界
关注的热门领域，如文本分析、数字出版、数字人文平台构建、
多媒体与跨媒体研究等。这些内容不仅展示了数字人文研究的
广泛性，更体现了其在学术研究和社会实践中的重要作用。

最后，本章讨论了数字人文研究的理论和现实意义。数字
人文不仅丰富了人文学科的理论体系，促进了研究方法的创新，
而且在文化遗产的保护与传承、政策制定与社会决策、教育教
学的改革与创新、公共文化服务体系建设以及增强文化自信与
国际交流等方面都具有重要影响。

通过本章的介绍，读者可以对数字人文研究形成一个清晰
的认识。数字人文研究是在信息技术高速发展的时代背景下，
人文学科与数字技术深度融合的产物。它不仅代表了人文研究
的新方向与新趋势，也为人类文化的传承与发展提供了新的动
力与支撑。随着技术的不断进步和学术研究的深入，数字人文
研究必将迎来更加广阔的发展前景。

第二章

数字人文基础理论

麦卡蒂在《人文计算》一书中提出"方法论共同体"（Methodological Commons），揭示了所有人文学科研究在向数字化转型过程中的共性。然而，数字人文领域长期存在着理论与方法之争，领域内的研究更多侧重于各自学科范围内的实践，而较少关注学科共性问题，更鲜见对共性问题进行理论归纳和总结。本章试图通过厘清数字人文的概念定义，绘制数字人文全景图，明确数字人文的研究对象、过程和形式，描述领域内的构成要素及结构关系，阐释数字方法和数字思维的形成与嬗变，总结当前数字人文基础理论的成果与进展。

一、数字人文定义

（一）概念诞生

"数字人文"这个名词的诞生来自偶然。第一本数字人文著作《数字人文指南》编辑组在2001年讨论这个出版项目的标题时原本想按照惯例叫"人文计算指南"（A Companion to Humanities Computing），布莱克维尔出版社（Wiley-Blackwell）的同事出于销路考虑，建议弱化技术色彩，改称"数字化人文指南"（Companion to Digital Humanities），最后采纳了编撰者之一约翰·安斯沃斯的方案，不再强调简单的数字化，而命名为"数字人文指南"。该书于2004年11月正式出版，开启了"数字人文"的新时代。随后2005年数字人文组织联盟的成立，2006年美国国家人文基金会提出数字人文倡议（Digital Humanities Initiative），以及2007年之后《数字人文季刊》的发行都促使"数字人文"成为领域通用名字。

由"数字人文"定名的过程可以看出，数字人文最早只是人文计算的概念升级。数字人文组织机构联盟在展开如何建设数字人文倡议的讨论时表示，"数字人文"这个名字比"人文计算"范围更为广阔，后者让人感觉只是一种计算，而"数字人文"则指一种人文主义形式。人们对这一术语的普遍理解就是"数字时代下人文研究"的代名词，与传统的人文研究相对。因此，很多人担心这个新名字的大众化和社会化将带来平凡化的风险。尽管与"数字人文"相比，"人文计算"是一个更加封闭的术语，但它界定的范围却更加清晰。"人文计算"关乎信息学、信息科学与人文学的交会地带，而且它是在早期"词汇文本分析"和"机器翻译"的领域上发展起来的。"数字人文"这个术语并非特指这样的专业活动，而是提供一个大帐篷，将人文学科中的所有数字学术研究都囊括在内，其内涵和外延都变得更为复杂和多样。[1]

（二）定义纷争

"数字人文"这个概念自诞生之始就不断面临争议，以至于围绕"数字人文"的定义性文章已经自成一类，而自2009年起，开展的数字人文日项目则为学者提供了一个年度平台，从而集体探讨数字人文的定义。有一定比例的学者甚至拒绝为"数字人文"这一术语下定义，如阿尔瓦拉多认为数字人文是"一个社会范畴，而不是一个本体论范畴"；马修·柯辰保则认为数字人文只是"一个战术便利的术语"。对于是否应该定义，更多的学者则是担心"定义"这个行为本身所具有的风险

1.爱德华·凡浩特.地狱之门：数字/人文/计算的历史和定义[G]//梅丽莎·特拉斯，等.数字人文导读.南京：南京大学出版社,2022:139.

性和限定性，这对新生事物可能会造成一定的消极影响。如梅
丽莎·特拉斯认为"界定数字人文学科边界的工作是徒劳无益
的，并且还从一定程度上制约了新领域的发展推进"，"定义的
'缺席'可能会在决定研究方向和职业发展途径时为研究员和从
业者提供更大的自由度"。[1]与此同时，也有学者认为，与其界定
"什么是数字人文"，不如讨论清楚"什么不是数字人文"；或者
就其成果进行一种价值上的评定，以"什么是好的数字人文"
来正向肯定、引导数字人文研究，将会是更具有意义与价值的
"定义"。[2]

乔治梅森大学的弗雷德·吉布斯为了向新生介绍数字人文
的本质，对170多位学者的定义进行了统计整理，将其划分
为9大类，占比较高的主要有：数字人文是"将技术应用于人
文工作"、数字人文是"与数字媒体或数字环境合作"以及明
确列举数字人文讨论主题的一些伞状定义。本书也收集整理了
一些国内外学者对数字人文的代表性概念总结，大致将其分为
四类：

1. 数字人文是一个新的研究领域

目前较为公认的通用定义是：数字人文是计算机或数字技
术与人文学科交叉的学术领域，可被定义为以合作、跨学科与
计算机运算等新方法来进行人文学科的研究、教学、出版等学
术工作。数字人文将数字工具与方法带进人文学科中，并认为
印刷术不再是知识生产与传播的主要媒介。

1.梅丽莎·特拉斯,等.数字人文导读[M].南京：南京大学出版社.2022:1.
2.陈静."是什么"与"怎么办"——"定义数字人文"研讨会综述[J].数字人文研究,2021,1(1).

　　这种"数字人文是计算机技术和人文学科结合的交叉领域"的广义定义得到了普遍认可，但是美国大卫·戈伦比亚通过考察美国人文科学基金会的立项偏好发现，在实际操作中却只认可"技术工具和资源开发"的狭义定义。因此他更主张广义定义，希望学术共同体能够在广义数字人文下各取所需，而不要陷入对"是否属于数字人文领域"相互质疑攻讦的困境之中。

　　有不少学者都支持广义的笼统定义，这种定义方式称为数字人文的"伞状"或"帐篷式"概念。如格伦·沃西相信数字人文"大帐篷"的说法可以在这个领域为任何数字人文学者找到研究空间。确实，概念的开放性会带来更多的创新和思考，其涵括的范围也会在动态发展中逐渐扩大。我国学者也大多认同广义的定义，如刘炜和叶鹰提出："数字人文，源于人文计算，是在计算机技术、网络技术、多媒体技术等新兴技术支撑下开展人文研究而形成的新型跨学科研究领域。"[1] 王晓光认为："数字人文，也称人文计算，它是一个将现代计算机和网络技术深入应用于传统的人文研究与教学的新型跨学科研究领域，它的产生与发展得益于数字技术的进步以及在科学领域的普及应用。"[2]

　　2. 数字人文是一种实践做法

　　美国学者安妮·伯迪克等人在其研究专著中将数字人文定义为"充分运用计算机技术开展合作性、跨学科的研究、教学

1.刘炜,叶鹰.数字人文的技术体系与理论结构探讨[J].中国图书馆学报,2017, 43(5).

2.王晓光."数字人文"的产生、发展与前沿[C]//全国高校社会科学科研管理研究会.方法创新与哲学社会科学发展.武汉:武汉大学出版社,2010: 207-221.

与出版的新型学术模式和组织形式"。[1]该定义将数字人文当作一种实践活动，包含了研究、教学、出版的全过程。

赵生辉等人认为"数字人文是人文科学领域中数字技术在知识管理方面的应用，是人文科学领域中数据、技术与方法的深度整合"，因此将数字人文界定为"围绕人文社会科学领域特定研究对象知识本体的数字化保存和应用所进行的信息资源采集、加工、组织、服务、研究、教育等活动的总称"。[2]

这一派明显是从实践的过程出发，因此其定义更为具体，通常囊括了数字人文上下游多个环节的活动，其目的更多在于对实践的总结和指导。

3. 数字人文是一种方法论

早在2002年，麦卡蒂等就总结了数字人文研究的"方法论共同体"，揭示了所有人文学科研究在向数字化转型过程中的共性。这些方法论共同体的基础包括各种可计算的基础数据，如图像、音乐、数字、格式化的字母数字集、叙事文本等，以及处理这些基础数据的关键技术，如现代通信技术、超媒体、数字图书馆等。针对这些数据运用数字方法进行的各种计算活动，组成了围绕不同交叉学科的多个科学共同体。

参与撰写《数字人文指南》的美国著名数字人文专家约翰·安斯沃斯又将该说法进一步抽象化和理论化。他认为"数字人文的主要范畴是改变人文知识的发现、标注、比较、引用、取样、阐释与呈现，实现人文研究与教学的升级和创新发展。数

1.安妮·伯迪克,等.数字人文:改变知识创新与分享的游戏规则[M].马林青、韩若画,译.北京:中国人民大学出版社,2018.
2.赵生辉,朱学芳.我国高校数字人文中心建设初探[J].图书情报工作,2014,58(6).

字人文的目标是将现代信息技术融入传统的人文研究与教学过程中，从而改变人文研究成果的获取、标注、比较、取样、阐释乃至表现方式，实现人文研究范式的全面变革，其本质上属于一种方法论和研究范式上的创新"。[1] 在此基础上，他提出数字人文活动具有的特性可以用7个学术原语（Scholarly primitives）来概括，分别是发现（Discovering）、注释（Annotating）、比较（Comparing）、参考（Referring）、抽样（Sampling）、说明（Illustrating）和表示（Representing）。后来托拜厄斯·布朗克和希拉·安德森等又将该方法论进一步规范为5个基本原语：发现（Discovering）、收集（Collecting）、比较（Comparing）、发布（Delivering）和协作（Collaborating），以及多个"二级原语"。[2]

4. 数字人文是一套解决人文问题的工具

美国弗吉尼亚大学的詹妮弗·斯特扎尔认为"数字人文旨在开发工具和工作流程以创建全面的、可互操作的、创新的数字资源"。

哈佛大学的徐力恒认为"数字人文的意义在于通过更智能的工具帮助人文学者提出、重界定和回答人文领域的问题"。北京大学朱本军和聂华也认为"数字人文在某种程度上就是将社会科学领域的某些研究方法引入人文领域，通过信息技术工具

1.Unsworth J. Scholarly primitives: what methods do humanities researchers have in common, and how might our tools reflect this? [J]. Humanities Computer: formal methods, experimental practice,2000:12.

2.刘炜,叶鹰.数字人文的技术体系与理论结构探讨[J].中国图书馆学报,2017,43(5).

软件或规模化数据为人文研究提出问题、界定问题和回答问题提供新的视角"。[1]

这派观点相比研究实践的具体总结和通用方法论的抽象提炼更关注工具层面的沉淀，即将方法具象为可直接复用的体系化工具，将领域发展重点也放到工具建设上来。

正因为数字人文是"数字"与"人文"结合的交叉概念，其定义或侧重于人文，而显得包罗万象；或侧重于数字，而局限于工具和手段。数字人文作为一种新的视角，其定义的确是非常困难的。数字人文本身因其革命性和流动性，具有反定义的内在气质，特定的定义可能很快就会变得过时。随着网络技术的发展和数字化技术的广泛应用，数字人文的研究和应用领域已经不仅仅局限于人文研究的方法论创新，还开始关注数字技术文化和环境中的人文研究，讨论在复杂数字环境中的人文知识发展状态和问题，研究方法更加强调跨学科性、动态性和混杂性。因此，关于数字人文定义的争论在西方持续了多年。

我国，"数字人文"一词则最早指代的是数字时代的人文精神，直至2009年，与人文计算含义相近的"数字人文"概念才出现在期刊文献。目前大多数学者对"数字人文"的定义，更多的是从本学科的诉求出发，将数字人文作为一种跨学科的新的研究方法来看待，且往往结合本学科的内涵，发展出与"数字人文"相关的更多融合性概念，如计算语言学、数字文学、文化分析、数字史学、空间综合人文学、数字艺术、数

1.朱本军,聂华.跨界与融合:全球视野下的数字人文——首届北京大学"数字人文论坛"会议综述[J].大学图书馆学报,2016,34(5).

字记忆、数字学术、数字阅读等。[1]

不过，随着学科交叉的深入，很多学者在数字人文的定义方面逐渐取得共识，即按照数字人文的起源和发展历史，尤其是表述的变化历程来理解。上海图书馆研究员夏翠娟就在最新发表的《数字人文的理论沿革和范式转向：从"人文研究的数字方法"到"后数字时代的人文研究"》一文中基于范式转向的视角对数字人文作了一个全面的画像：

①数字人文被认为是跨学科融合和开放式协作的实践性领域，是所有人文领域应用计算机技术的实践活动的总称，人文计算也属于数字人文；

②数字人文关注计算方法和信息技术在人文学科中的应用以及人文研究需要何种方法和技术，将技术视为跨领域的方法论基础和思维方式，而不仅仅是具体的方法；

③数字人文以一切数字媒介为材料和对象，以建模和基于模型的阐释、分析、批判为主要方法，以项目设计、开发、应用为主要实践路径（不仅包括数据库和语料库的建设，还包括适应人文研究原则的工具集开发和满足人文研究需求的人机交互界面的设计和开发）；

④数字人文在定量研究和计算思维的基础上强调定性研究和批判思维。

这份画像首先厘清了人文计算和数字人文的关系，认为人文计算属于数字人文；其次界定了技术在数字人文中的作用，

1.夏翠娟.数字人文的理论沿革和范式转向：从"人文研究的数字方法"到"后数字时代的人文研究"[J].中国图书馆学报,2024(4).

将其视为方法论和思维方式；最后明确了数字人文的研究对象、研究方法和实践路径，强调定性研究和批判思维。因此，本书认为它可以作为当前数字人文定义的一个范本，既界定了数字人文的研究范围，又提供了数字人文实践的标尺。

二、数字人文要素

从定义出发，想要清楚数字人文研究领域内的核心要素还需要一幅关于数字人文的知识全景图。贝里和费格约德在讨论数字时代的批判性数字人文相关主题时创造性地提出了"数字人文堆栈"（图2-1），其展示了数字人文相关的活动、实践、技巧、技术及其构成结构，帮助刚接触数字人文的学者理解数字人文的构成元素及其关系结构。[1]

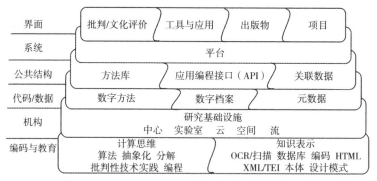

* 图2-1　数字人文堆栈

这份堆栈地图基本按抽象层次的高低从下向上依次罗列了数字人文领域的构成元素，可将其提炼为5个层面：①基础层：

1.（英）大卫·M.贝里,安德斯·费格约德.数字人文:数字时代的知识与批判[M].
王晓光,等译.大连:东北财经大学出版社,2019:23-24.

作为思考方式的计算思维和作为计算方式的知识表示；②机构层：作为支撑方式的学术研究基础设施和数字平台；③方法层：作为生产方式的数字方法和数字工具；④界面层：作为交流方式的学术界面；⑤理论层：作为研究方式的文化批判。可惜的是，作者并未对堆栈图内各部分元素作详细解释，该图存在不够清晰直观且有层级混淆等问题。

我国学者也在构建中国特色哲学社会科学和新文科的思想指导下，加速思考构建中国自主数字人文知识体系的路径。刘炜等专家应《数字人文研究》之邀，对该话题进行了集中讨论，提出了从应用数字人文到方法数字人文再到理论数字人文知识体系图谱（图2-2）。但该体系过于宽泛，未对各环节涉及元素作进一步展开说明。[1]

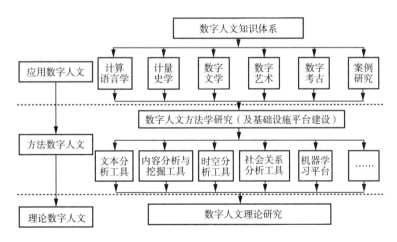

* 图2-2　数字人文知识体系图谱

1.刘炜,刘越男,王晓光,等.建构中国自主数字人文知识体系的使命与路径[J].数字人文研究,2022,2(4).

　　综合两者的核心要素，本书整理了一份数字人文全景图（图2-3）。全景图将数字人文研究领域划分为4个层次：第一层是基础数据层，面向文本、图像等多种类型的数字人文研究对象，核心是知识表示；第二层是基础设施层，基于研究对象建设的数字人文研究环境，其核心是数据基础设施建设，并通过数字人文平台面向研究者；第三层是理论方法层，即对传统和数字人文实践的抽象总结，经历了从人文计算到数字人文的范式转向，核心包括数字方法和数字思维；第四层是应用层，覆盖了数字人文触达并生成的多个新兴人文研究领域。最右侧罗列了数字人文研究中的核心角色，其中图博档等机构是为人文学者提供优质的数字基础设施和服务，是数字人文研究的辅助者；人文学者则是利用数字基础设施进行人文研究，是数字人文研究的主力军。

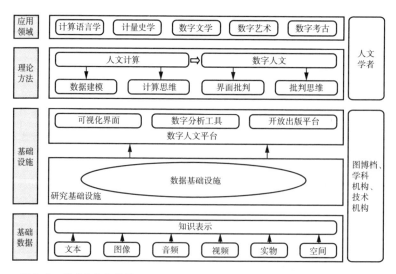

* 图2-3　数字人文全景图

（一）基础数据

长期以来，人文学者习惯处理基于印刷或者实物的材料，再以经多年训练和研究获得的学识为基础，展开具有强烈个人经验色彩的研究。这种传统研究除了强调人文研究需要长时间知识生产的积累、承袭外，还高度依赖学者作为个体对材料的占有和处理能力，以及材料本身的原真性和有效性。[1]信息网络技术的发展深刻地改变了传统人文学者获取资源、书写和发表成果的方式，数字技术与数字化也使得传统人文材料从实体变成了虚拟数据，数字人文研究才成为可能。因此，数据是数字人文研究的基石，对研究材料实现数字化、数据化是数字人文研究的第一步。

1. 数据类型

数字人文研究涉及的人文数据主要分为两大类：一是对传统人文材料数字化后的数据，既包括书籍、报刊、档案等文本型数据，又包括舆图、绘画、壁画、拓片、老照片等图像型数据，还涵盖了访谈、纪录片等音视频型数据，文博领域还包含文物、塑像、建筑等的三维数据；二是数字网络环境中生成的多媒体数据，以网络社交媒体的文本和图像为代表，包括数字文本、图像、视频、音频以及三维模型等多种类型。

相比传统大数据，数字人文数据具有海量、多源、异构、多模态、跨时空、跨领域、分布广、内涵杂等特点。[2]

1.陈静.人文大数据及其在数字人文领域中的应用[J].大数据,2022,8(6).
2.王晓光,谭旭,夏生平.敦煌智慧数据研究与实践[J].数字人文,2020(4).

2. 知识表示

知识表示，即以"形式化"方式对知识进行描述，通常是一定的数据结构加逻辑处理规则，以使计算机能够直接处理知识。[1]

蒂姆·伯纳斯-李所描述的语义万维网是一个比较完整的知识表示图示（图2-4），可以用来解释知识描述的不同层次。最底层是基本的字符编码（Unicode）和赋予所有实体以唯一标识的统一资源标识符（Uniform Resource Identifier，URI）；其上，以各种可扩展标记语言（Extensible Markup Language，XML）编码模式进行编码；数据交换层用资源描述框架（Resource Description Framework，RDF）描述基本陈述；再之上，用分类和本体描述领域知识，SPARQL作为知识查询语言；最上层就是逻辑、验证和信任关系。[2]

将文本进行结构化标记是建模的基础。可扩展标记语言因其具备可扩展性和格式规范，被广泛用作各类应用程序的文件格式，也是文本编码倡议组织（Text Encoding Initiative，TEI）推荐的标记语言。文本编码倡议组织指南提供了一套用于标记数字文本的可扩展标记语言模式，目前已经成为数字人文领域最广泛使用的一种文本标记规范。在数字人文项目中，弱编码是一种更实用的方法，权衡了编码的质量与全面性，保证了实践的可行性。

1.大卫·M.贝里,安德斯·费格约德.数字人文:数字时代的知识与批判[M].王晓光,等译.大连:东北财经大学出版社,2019:77-78.
2.王丽华,刘炜.数字人文理论建构与学科建设——读《数字人文:数字时代的知识与批判》[J].数字人文研究,2021(1).

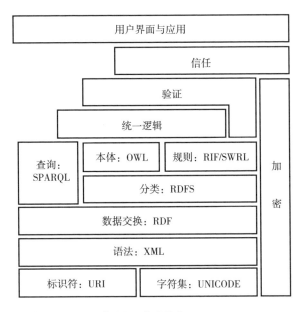

* 图2-4 语义万维网知识表示图示

标准化的共享模型目前正在得到普遍应用。语义网通过采用一种简单的元模型，即资源描述框架，使得为整个网络赋予普适编码的想法成为现实。以这种结构进行知识建模，不仅能捕获知识领域的复杂性，也可以根据计算处理的需要，对其重新组织或者组装，快速关联到多个数据源，以复杂的方式进行比较、处理和重复使用，使知识分解为可组合和重组的知识单元。

（二）基础设施

研究基础设施早期通常指代科学团体在各自领域内开展研究所使用的设施、资源和服务。与数字人文相关的最常见的研究基础设施之一是学科研究中心和实验室，它们提供了跨学科的第三地点，营造了开放、协作、包容的学术生态环境。但这也使得早期的数字人文基础设施的建设侧重于获取经济和政治收益，而忽视了人文学者的研究需求。直至2012年，数字人文领域出现了"基础设施转向"，基础设施建设才开始侧重于支持数据驱动下的研究过程。

在此背景下，我国学者提出了面向人文研究的数字人文基础设施建设蓝图（图2-5）。数字人文基础设施被定义为"在数字环境下为开展人文研究而必须具备的基本条件，包括全球范围内与研究主题相关的所有文献、数据、相关软件工具、学术交流和出版的公用设施及相关服务等"。[1]它分为3个层次：核心

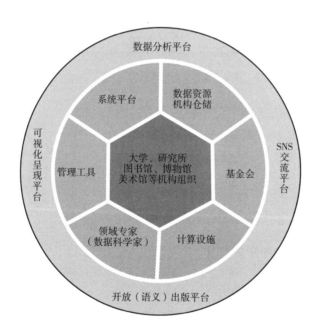

* 图2-5 数字人文基础设施建设蓝图

1.刘炜,谢蓉,张磊,等.面向人文研究的国家数据基础设施建设[J].中国图书馆学报,2016,42(5).

是基础保障，由服务机构及其提供的文献资源组成，提供数据支持；中间层是研究主体和基础平台，由基金会、领域专家和数仓、平台、工具等构成，提供算力及方法支持、智力支持、经费支持；外围是发布平台，由学术交流与出版、数据分析与展示两类平台构成，提供评价体系支持。

1. 数据基础设施

承担内容、数据和知识生产和组织的数据基础设施是数字人文基础设施的内核。数据基础设施是支持数字人文研究过程中数据保存、获取、使用的一系列工具、系统、平台、软件等的总称，以实现数据可复用、可关联及可聚合为目标。

图书馆、博物馆、档案馆作为保存人类文明的文化机构，有着提供信息资源的天然使命，尤其，图书馆经过数字图书馆的建设，已积累大量基础数据。因此，图博档在数字人文的数据基础设施建设中起主导作用，一方面，要联络其他相关机构做好数字资源的共建共享；另一方面，还要加强与人文学者的沟通交流，确保基础设施能满足人文研究的需求，切实推动人文研究的发展，促进人文研究范式的转向。

图书馆自有的信息资源管理方法论在建设数据基础设施的过程中依然适用，"图书馆的书目控制和规范控制、知识组织、文献循证等方法，与语义网、大数据、关联数据、知识图谱等新技术结合后，焕发出新的生命力，催生出大量的智慧数据"。[1]比如，上海图书馆在多年的数字人文项目建设中初步形成了一

1.曾蕾,王晓光,范炜.图档博领域的智慧数据及其在数字人文研究中的角色[J].中国图书馆学报,2018,44(1).

套将图书馆学方法和新技术结合起来建设数据基础设施的路径和技术框架。[1]该框架将各种不同领域的文献应用知识库和基础规范知识库的数据融合起来，将文献服务和开放数据服务与数据基础设施分离，并支持以众包的方式与其他图博档机构共建，由此形成独立于具体应用开发和特定领域研究的"数据中台"。

2. 数字人文平台

数字人文平台是数据基础设施面向使用对象的门户。数字图书馆系统可以看成一种初级版本的数字人文平台。平台一方面提供数字人文研究所需的素材、工具和交流空间，另一方面也必然带来数字人文在宏观上的整合，而在内部形成问题跨界、学科融合和工具共通的领域特征。[2]当今时代已不可能开发包罗万象的知识平台，在构建数字人文平台或开发人文资料数据库时，应结合自身的优势、特点，选取一定的文献类型或学科主题，充分了解服务对象特点和需求，设定有限目标，做好长期建设的准备。

2018年，有学者建议构建一个"中国研究的基础设施网络"，本质上就是想通过各国中文资料收藏机构的密切合作，构建一个通用的基础数据平台，使中文资源能够互联互通、共建共享。这个平台可以是整个中文基础设施共同构成的分布式网络服务，即可以由相关中文资源收藏和研究机构各自建设，但遵循共同制订的技术标准和相互操作协议，这样就保证了资源

1.夏翠娟.面向人文研究的"数据基础设施"建设——试论图书馆学对数字人文的方法论贡献[J].中国图书馆学报,2020,46(3).
2.刘炜,叶鹰.数字人文的技术体系与理论结构探讨[J].中国图书馆学报,2017,43(5).

获取和服务的互联互通；同时制订一定的合作机制和业务模式，这样又能够促进互惠互利和可持续发展。[1]

上海图书馆在摸索数据设施建设的过程中逐渐形成了一套数字人文平台的建设思路，既满足独立平台的完整功能需求，又兼顾了基于最新语义互联网技术的互联互通。整体设计方案包含了系统架构、资源采集、功能模块、用户界面和工具拓展5个方面：①系统先进性：技术架构、内容架构、应用系统；②资源完整性：本地资源、外部资源、资源互通；③功能完备性：浏览、检索、管理、众包等；④用户友好性：美观、个性、方便；⑤工具丰富性：平台性工具、文本工具、图像工具、知识图谱工具、机器学习工具和可视化工具等。其为图博档建设基础数据平台提供了可行的蓝图。各大图书馆可以借鉴该模式，从升级已有的数字图书馆系统出发，尝试从提供"数据"转换为提供基于"知识"的数字人文服务，并引入互联互通共建共享的新协议与新模式。[2]

（三）理论方法

数字人文本质上是由数据驱动的研究范式，这种范式在方法论层面影响了人文学科的传统研究范式，并在应用、方法、理论方面出现了跨学科的特性，由此形成了数字人文的方法论共同体。该共同体由一整套数字人文的技术体系所支撑，正在影响形成中的数字人文的理论结构。夏翠娟通过回顾国内外数

1.包弼德,夏翠娟,王宏甦.数字人文与中国研究的网络基础设施建设[J].图书馆杂志,2018,37(11).

2.刘圣婴,王丽华,刘炜,等.数字人文的研究范式与平台建设[J].图书情报知识,2022,39(1).

字人文发展历史，总结了数字人文研究范式从人文计算转向数字人文的过程，并从人文研究的数字方法和方法论的形成和嬗变两个方面来分析范式转向的生发机理，最后将人文研究的数字方法归纳提炼为从数据建模到界面批判，将方法论的形成和嬗变归纳提炼为从计算思维到批判思维。[1]

1. 数字方法：从数据建模到界面批判

人文计算被看作一种用可计算的文本来"模拟"，或用可检索的数据来"替代"人文学者所要研究的对象世界或问题空间的研究路径。既然文本和数据只是所研究的对象世界和问题空间的"模拟"和"替代"，而不是其本身，那么人文学者就应该理性、批判地看待数据建模的过程和人文计算的结果，这就需要供人文学者观察和分析建模过程、诠释和评估建模结果的人机交互界面，并运用批判思维对数据建模的过程和结果进行质疑、分析、阐释、评价、判断，尽可能确保准确地利用数据和算法来模拟研究对象，得出经得起验证和考验的研究结论。

（1）数据建模

"建模"（modeling）被众多的学者认为是人文计算的内核。所谓"数据建模"是指用文本、图像、音视频资源、半结构化和结构化数据、知识图谱等数字化信息资源和模型、算法以及可自动执行的程序，在计算机模拟物理世界、研究对象、研究问题的过程中，各种语料库、数据集、知识库、数据库等数据基础设施建设也属数据建模工作。简单地说，数据建模是

1.夏翠娟.数字人文的理论沿革和范式转向：从"人文研究的数字方法"到"后数字时代的人文研究"[J].中国图书馆学报,2024(4).

将研究对象所涉及的各种信息，利用计算机技术，以特定的符号表示，制订一定的算法规则，并使之成为可计算的过程。

数据建模一般要经历媒介化、数字化、文本化、数据化、智慧化这样一步步抽象的过程。在数据建模的过程中，要用到多种方法，例如，数据化的方法包括文本标记、元数据方案设计和元数据著录、基于传感器的数据采集等，如录音、摄像、扫描、翻拍、三维建模等；智慧化的方法包括基于本体的知识组织方法，以及人工智能时代的机器学习方法和基于大模型的人工智能生成内容（Artificial Intelligence Generated Content，AIGC）等。

从物理世界的媒介化到数字化、从数字媒介的文本化到数据化再到智慧化的过程来看，这是一个知识增强、抽象增强、语义增强但真实减弱的过程。

（2）界面批判

"界面批判"是指通过构建支持研究者观察和分析建模过程、诠释和评估建模结果的人机交互界面，不断优化完善数据建模过程，从而更好地搜寻证据、探索答案、解决问题甚至发现新研究问题。基于语料库、数据集、知识库、数据库的数字人文服务本质上是为研究者提供界面批判的工具。

学者夏翠娟将界面批判的方法分为数字阅读、数智循证、多维叙事、反馈优化4个环节，其中最核心的是数智循证环节——将传统人文研究思路运用于数字界面。数智循证源于图书情报领域的文献循证，重视证据的收集和批判性评估。对应到数字人文领域中，循证实际上就是指对数字资源的批判分析。这需要用到量化计算、数据关联、知识融合、文本计量、文本分析、时空分析、社会网络关系分析、实体关系分析等方法，其往往是通过可视化技术来实现的。目前最广泛运用的分析方法主要有：

①文本分析——通过分词、抽取、归一化等操作对文本进行特征提取，利用特征构建向量空间模型并进行降维。文本可视化一般通过各类统计方法与数学模型，总结抽象文本的特征，常用结构图、标签云、热力图等进行视觉展示。而基于知识本体的语义分析则不仅能识别关系，还能构建实体间的知识图谱。文本是几乎所有人文学科进行研究最常用的材料类型，因此文本分析广泛应用于各学科研究场景。

②社会网络分析——依靠复杂网络学科的分析和可视化技术对社会网络节点之间的各类关系数据进行定量或定性分析。网络可视化通常使用点边图和矩阵图等网络图来展现多维信息对象的复杂关系，常应用于文史领域的人物关系研究和哲学领域的流派、思潮研究等。

③时空分析——将计算机辅助地理数据处理方法应用于面向空间的人文研究，其成果主要集成于地理信息系统。地理信息系统能够将大量的历史人物、历史地点、历史事件映射于数字地图，建立多维关系、多层联系，并进行可视化呈现，这为人文研究提供了多维视角，有助于挖掘要素之间难以察觉的深层联系。基于地理信息系统的历史地理可视化可被应用于历史学、地理学、人类学、社会学等多个学科领域。

2. 数字思维：从计算思维到批判思维

数字人文研究方法从数据建模向界面批判的转移，对应了数字人文研究思路从计算思维到批判思维的转向。数字人文对界面批判的强调即是批判思维的运用和人文精神的觉醒和回归。

（1）计算思维

计算思维是运用计算机科学的基本理念进行问题求解、系统设计等。它是一个认知或思维过程，反映出抽象思维能力、分解思维能力、算法思维能力、评价思维能力和概括思维能力。

自动化是计算思维的核心。人文研究可能经常涉及重复且微小的分析步骤，这些工作可以委托给一个自动化程序。这种能力是数字人文领域创建和处理人文数据的核心组成部分。

抽象化是计算思维的基础。任何计算机的使用都将包含比标准的精读方法更为详尽的描述和模型，以及更多的高层级抽象概念。对结构和语义元素进行编码，从而创建文本的抽象模型，这为对文本进行海量且多样化的计算开启了大门。

任务分解是计算思维的本质。计算的好处源于对微小任务的不断重复，因此将一个大的问题或任务分解成可以连续解决的小问题是至关重要的计算思维能力。分解的第一步是将研究问题付诸实践，即将一个大的兴趣领域转化为一个明确的问题或一个解决问题的过程。

分解、抽象和自动化在计算机编程中结合在一起，统称为算法或算法集合。计算思维强调的是理解算法是如何构建的，以及对一些标准算法的熟悉程度。对不同级别的计算进行批判性理解是数字人文的先决条件，而这只能通过积极参与实际的计算机系统来实现，如此，学习编程可能是真正掌握计算思维的最好方法。

（2）批判思维

"批判思维"是一种对读、听、说或写的东西进行质疑、分析、解释、评估和判断的思维。良好的批判是基于可靠的信息做出的可靠判断。

莫莱蒂提出的"远读"被认为是最早运用批判思维的典范。这种新的文学研究范式不仅仅是数据驱动的第四范式，还建立在实验、理论和计算这3种范式基础上。远读是一个螺旋式发展的过程，它通过细读提出观点来建模，以远读方法来测量建模的结果，再进一步通过细读解释，从而重新建模，以进一步验证理论和假设。近年来，数字人文文本实验室（Chicago Text Lab-Textual Optics Lab）对东亚文化中的国际现代主义进行了一系列跨语言、跨学科、跨文化的比较文学研究。该团队通过"可伸缩阅读"（Scalable reading）、跨语言建模和网络分析等方法，将莫莱蒂关于"世界文学"的概念模型发展成为可付诸生产性实践的计算批评对象。"可伸缩阅读"即利用一系列工具和阐释办法，通过多种尺度的"透镜"来阅读和分析文本档案，将"实证研究"和文学阐释、文化批评有机地融为一体。只有根据研究需要，选择有效的测量手段，才能发现问题的关键，这是量化文学研究的本质所在。[1]

通过对批判思维的运用，理想的数字人文研究应是理论驱动、数据丰富的，不仅能够检验、证伪现存的人文研究知识，还能够创造出新的人文研究概念。相比西方在数字人文认识论上的范式转换，我国大部分数字人文学者仍然将数字人文看作"人文研究的数字方法"，在研究中着力发挥工具理性，停留在

1.赵薇.从概念模型到计算批评——Franco Moretti之后的世界文学研究[J].西南民族大学学报：人文社会科学版,2020,41(8).

新技术应用的层面。学者赵薇认为数字人文要超越工具阶段，"其突破点在于如何以计算批评的方式介入更广泛的话语和文化实践中"[1]，但这样的观点还没有在更多实践探索中得以体现。如果说批判思维的运用是数字人文与人文计算的显著差别，那么中国的数字人文发展还没有真正完成数字人文从"人文计算"向"数字人文"的范式转向。为此，学者夏翠娟呼吁"作为人文研究的数字人文不仅需要批判性地看待数据建模的过程和结果，在计算思维运用的全过程中运用批判思维，还需要为数智时代的人文研究提供价值理性引导和护航，进入传统人文研究的话语体系，深入各人文学科的核心研究母题，更需要责无旁贷地致力于为数智技术带来新的人文问题探索解决方案"。[2]

三、本章小结

本章从定义和要素两大方面梳理了数字人文基础理论的成果与进展。定义一节从定名的过程引出学界对数字人文的概念纷争，包括"数字人文"与"人文计算"的概念辨析、"数字人文是什么"的定义分类、"是否应该定义"的是非论辩，最终采纳了我国学者当前的共识，即按照数字人文的起源和发展历史来表述，从而界定了数字人文的研究范围，并提供了实践准则。要素一节通过梳理贝里和费格约德的"数字人文堆栈"和刘炜等专家的"数字人文知识体系"，总结出数字人文领域的核心要素，并按4个层级绘制成一份新的数字人文全景图，包括基础

1.赵薇.作为计算批评的数字人文[J].中国文学批评,2022(2).
2.夏翠娟.数字人文的理论沿革和范式转向:从"人文研究的数字方法"到"后数字时代的人文研究"[J].中国图书馆学报,2024(4).

数据层、基础设施层、理论方法层、应用层，并分别介绍了前三层中的核心概念，如知识表示、数据基础设施、数字人文平台、数字方法和数字思维等。本章通过对数字人文基础理论的梳理，有以下几点认识：

第一，数字人文作为交叉学科，其定义应是实践意义上的。如果将人文研究拆解为研究对象、研究过程、研究成果等环节，那么数字人文就应该对应各环节的数字化：①研究对象的数字化：数字化的传统资料和网络中的原生数字资料；②研究过程的数字化：文本分析、图像分析等；③表现形式的数字化：数据库、知识库、多媒体互动界面；④成果发表的数字化：数字学术期刊；⑤数字化研究主题：数字安全和伦理问题、社会结构与就业问题、技术与法律问题等。只有将数字人文定义拆解为实践环节，才有推动领域前进的指导作用。

第二，数字人文的方法和理论是相辅相成的，理论是从方法中提炼总结的普适原则。由于人文学科的多样性、人文研究手段的定性化，传统人文研究的理论本就尚未形成体系，因此数字人文研究的理论总结也显不足。"方法论共同体"的提出为数字人文研究提供了一个好的范本，它通过提炼人文学科共性，将学科汇总为几大科学共同体，提出各学科数字人文研究的共同基础是各种可计算的基础数据以及处理这些基础数据的关键技术，如现代通信技术、超媒体和数字图书馆等。但它只关注到了技术和工具层面，由此提炼出的理论方法是数据建模和计算思维，在其之上还应加上人文学者的主观研究，如阅读、分析、对比、推演等，这就是界面批判和批判思维。

第三，我国数字人文研究的发展建设应围绕全景图分工协

作、各司其职。之所以当前的数字人文还处于工具阶段，很大
程度上是因为基础设施的不完善。作为人文文献资料的保存和
利用者，图博档等各大机构应担起重任，加快研究基础设施的
建设，尤其要加强与人文学者的共建共联，实现面向人文研究
课题的工具完善，为数字人文研究提供便利环境，从而使人文
学者能真正专注于问题解决，切实通过数字人文技术提升人文
研究的效率，拓宽传统人文研究的广度。

第三章

数字人文技术方法

本章将根据研究的不同对象和近年来数字人文领域的研究趋势与热点，重点介绍基于文本、图像和空间的技术方法。这些工具在数字人文研究中扮演着重要角色，协助研究者处理和分析各种类型的数据，开辟新的研究思路与范式，促进数字人文领域研究的新发现和成果传播。每个工具都有其特定的应用场景和优势，研究者可以根据具体的研究对象与场景选择合适的工具。

一、基于文本的技术方法

（一）文本挖掘

文本挖掘（Text Mining，TM），又称为文本数据挖掘（Text Data Mining，TDM）或文本知识发现（Knowledge Discovery in Texts，KDT），是指为了发现知识，从文本数据中抽取隐含的、以前未知的、潜在有用的模式的过程。[1]从文本角度来理解，它是个分析文本数据，抽取文本信息，进而发现文本知识的过程。[2]在数字人文的研究与实践中，文本挖掘越来越受到国内外学者的关注。数字人文学者通过这一技术方法可以进行基于文本的社会关系网络挖掘、文学作品分析与作者风格研究、文本情感分析、文本规律特征与可视化、古籍数字化与知识图谱构建等研究。

一个完整的文本挖掘流程一般如图3-1所示，包括文本

1.张玉峰,朱莹.基于Web文本挖掘的企业竞争情报获取方法研究[J].情报理论与实践,2006,29(5).
2.郭金龙,许鑫,陆宇杰.人文社会科学研究中文本挖掘技术应用进展[J].图书情报作,2012,56(8).

数据收集、文本预处理、挖掘、知识模式提取与评估、知识模式输出5个步骤。首先，需要收集文本数据并进行预处理，包括分词、特征提取、去除停用词等操作，将文本转换为计算机可理解的数字形式；然后，根据研究需求选择合适的文本挖掘算法，如支持向量机（Support Vector Machine, SVM）、随机森林（Random Forest, RF）、朴素贝叶斯（Naive Bayes, NB）、循环神经网络（Recurrent Neural Network, RNN）、卷积神经网络（Convolutional Neural Network, CNN）等，建立模型进行文本分类、聚类、信息抽取等任务；接着，提取有价值的信息和知识，并通过准确率（Accuracy）、精确率（Precision）、召回率（Recall）、F1值（F1 Score）等方法评估其质量和有效性；最后，将知识模式以可视化方式输出，例如构建知识图谱，帮助研究者更好地理解和分析文本数据。

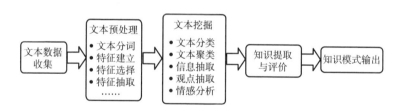

* 图3-1　文本挖掘流程

（二）文本分类

文本分类（Text Categorization）是指在给定的分类体系下，根据文本内容自动确定文本类别的过程。文本分类本质上是一种监督学习任务，模型会学习从文本中提取特征，并根据这些特征来预测文本所属的类别，最终实现将文本数据集中的每个文本划分到对应的类别中。作为自然语言处理领域的经典问题，文本分类的算法也在不断演进，当前的算法大致分为两类：一类是传统的分类算法（如基于规则的方法、社会网络分析方法等）、一类是基于机器学习的算法（如特征工程、分类器等）。[1]在数字人文领域，文本分类能够协助研究者快速将庞大的文献资料库分为不同的主题、类型或时期，从而便于进行大规模的文本挖掘和分析。这不仅有助于揭示文献之间的内在联系和知识结构，还能促进跨学科的研究对话。具体来说，文本分类常用于情感分析（Sentiment Analysis，SA）、关系分类（Relation Classification, RC）、话题标记（Topic Labeling, TL）等场景。本节将重点介绍以朴素贝叶斯、支持向量机为代表的传统分类算法和以卷积神经网络、循环神经网络为代表的深度学习算法。

1. 朴素贝叶斯

朴素贝叶斯是一种基于概率模型的分类方法，在数字人文研究中常应用于文学作品的分类，作品主题、风格的特征分析，并识别出作品的作者或时代背景。此外，朴素贝叶斯还可以用于古籍数字化与信息提取，如从古籍中提取人物、地点、事件等信息，构建知识图谱，揭示历史事件之间的关联性。1960年，朴素贝叶斯分类方法被提出，它是一种基于概率模型的分类方法。朴素贝叶斯是一种基于贝叶斯定理，假设特征之间相互独立的简单概率分类器。贝叶斯定理是一个关于条件概率的公式，由果溯因，被称为"后验概率"，描述了在已经知道某个

1.林鹤,曹磊,夏翠娟.图情大数据[M].上海:上海科学技术出版社,2020:50.

条件下的观测结果，并利用这些信息来更新对一个假设的概率估计。而朴素贝叶斯之所以被称为"朴素"，是因为该定理在贝叶斯定理基础之上，通过对每个特征交互进行了相互独立的简化假设，并假设每个特征对结果有相同的作用，使得计算更加简单高效。尽管这样的假设通常在实际应用中并不成立，但是朴素贝叶斯算法仍然在文本分类中得到广泛应用，并取得了不错的效果。

具体地说，如果给定一个待分类的实例 $x=(x_1, x_2, x_3, \cdots, x_n)$，则它被分配到类别 y 的概率可以表示为：

$$P(y|x) = \frac{P(x|y) * P(y)}{P(x)}$$

其中 $P(y)$ 是类别 y 在训练集中出现的概率，$P(x)$ 是 x 在整个训练集中出现的概率，$P(x|y)$ 是在 y 类别下 x 样本出现的条件概率，即已知类别 y 时样本 x 出现的概率。由于在朴素贝叶斯定理中假设所有特征相互独立，所有待分类的实例总集合 x 出现在类别 y 中的概率也可以等价于 x 中的每个特征在类别 y 中的概率积的形式，即：

$$P(x|y) = \prod_{i=1}^{n} P(x_i|y)$$

其中 $P(x_i|y)$ 指的是第 i 个特征在 y 类别下出现的条件概率。在利用朴素贝叶斯分类器进行文本分类的预测过程中，将根据样本特征分别计算出每个类别 y 所对应的 $P(y|x)$ 值，然后将最大的概率所对应的类别作为预测结果。

建立朴素贝叶斯分类器的方法有两种：一种是多项式模型（Multinomial Model）；一种是多元伯努利模型（Multivariate

Bernoulli Model），也称为二值独立模型。两个模型的本质区别在于假设和处理文本数据的方式上有所不同。多项式模型假设文本数据可以表示为词的频率分布，并基于多项式分布计算概率；而多元伯努利模型假设文本数据可以表示为词的存在或不存在的二元分布，并基于伯努利分布计算概率。相较而言，多项式模型具有更好地对多个同等重要的特征联合进行分类决策的表现，以及对噪声特征和概念飘逸具有更强的鲁棒性，以及速度快的特点。[1]因此多项式模型适用于多分类任务，多元伯努利模型更加适用于二分类任务。鉴于研究文本的多样性和复杂性，前者在数字人文领域的文本分析中具有更广泛的应用。在实际操作中可以用Python中的scikit-learn库来实现朴素贝叶斯分类器。

2. 支持向量机

支持向量机是基于统计学习理论提出的分类模型。支持向量机可以协助研究者对文本数据进行分类，例如，根据文本内容将古籍文献分为不同类别，或识别古籍的作者归属。此外，还可以用于构建知识图谱，它通过提取文本中的关键信息，揭示历史事件之间的关联性，例如人物关系、事件发展脉络等。支持向量机建立在统计学理论和结构风险最小原理的基础上，是一种新的机器学习方法，兼顾了训练误差和泛化能力，能较好地解决小样本、非线性、高维数和局部极小点等实际问题，广泛应用于分类、模式识别、函数逼近和时间序列预测等方

1.贺鸣,孙建军,成颖.基于朴素贝叶斯的文本分类研究综述[J].情报科学,2016,34(7).

面。[1]该模型在数字人文领域的研究实践中有较广泛应用与研究，如施建军运用支持向量机对《红楼梦》120回进行了分类研究，从技术角度证明前80回与后40回出自不同作者；[2]周沫、罗季通过支持向量机考证《醒世姻缘传》的作者归属；[3]周好等采用支持向量机、Bi-LSTM、BERT等模型实现了对古文中引书上下文的自动抽取。[4]

支持向量机的基本原理是通过找到一个最优超平面（hyperplane），将不同类别的样本尽可能分开，同时保持样本之间的最大距离。在二维空间中，这个超平面可以看作一条直线；在更高维的空间中，它则是一条超平面。这些位于超平面边缘的样本被称为支持向量（Support Vectors），它们决定了超平面的位置和方向。通过这种方式，支持向量机可以实现对复杂数据的建模和分析。

图3-2中的三角形和正方形分别代表两类训练样本，H为分类线，除了分类线还有其他虚线H_1和H_2与分类线平行，由与两类样本中距离分类线最近的点组成，可以将这两类准确无误地分开。d为两条虚线间的距离，称作分类间隔，线上的样本W为支持向量。这些分类面可以表示为：

$$W \cdot X - b = 0$$

1.蔡晓妍，杨黎斌，等.文本挖掘与信息检索概论[M].北京:清华大学出版社,2022:9.
2.施建军.基于支持向量机技术的《红楼梦》作者研究[J].红楼梦学刊,2011(5).
3.周沫,罗季.基于支持向量机的《醒世姻缘传》作者归属研究[J].龙岩学院学报,2017,35(4).
4.周好,王东波,黄水清.古籍引书上下文自动识别研究——以注疏文献为例[J].情报理论与实践,2021,44(9).

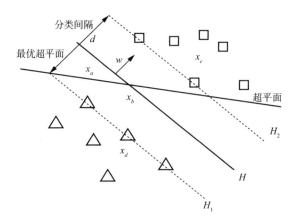

＊ 图3-2 线性可分情况下的超平面

其中，$X=(X_a, X_b, \cdots, X_n)$ 表示待分类的样本，分类超平面由决定超平面方向的法向量 W 和超平面的截距 b 决定，$W\cdot X$ 示向量 W 和 X 的内积。

支持向量机可分为线性可分支持向量机、线性不可分支持向量机以及非线性支持向量机3类。线性可分支持向量机适用于训练样本为线性可分的场景，即训练样本中不含噪声，存在一个超平面能够完全无误地将两类数据分开；线性不可分支持向量机适用于包含噪声或异常值、数据特征和类别之间的关系近似线性，但存在一些重叠的场景；而非线性支持向量机则适用于数据特征和类别之间的关系非常复杂，无法用线性模型准确描述，需要用核方法（Kernel Methods），通过核函数将数据映射到高维空间，使得原本在低维空间中线性不可分的问题在高维空间中变得线性可分。

根据定义，分类超平面的公式如下所示：

$$y_j[W\cdot X_i]+b\geqslant 1-\xi_i, i=1,2,3,\cdots,m$$

其中，ξ_i 为引入的松弛变量，$\xi_i \geqslant 0$，表示对线性不可分问题引入容错性。约束条件中，C 为惩罚系数，是对误差的宽容度：C 越高，说明对误差的宽容度越低，容易过拟合；C 越小，说明对误差的宽容度较高，容易欠拟合。为使分类时的分类间隔最大，需要保证下列公式的实现：

$$\min\left(\left[\frac{1}{2}\|w\|^2\right] + c\sum_{i=1}^{1}\xi_i\right)$$

在数字人文的研究实践中，由于研究的文本数据在原始特征空间中往往是携带噪声且为非线性不可分的复杂数据类型，因此非线性支持向量机（使用核函数）的应用更加广泛。所谓的核函数（Kernel Function）就是通过选择一个非线性变幻函数 $\varphi(x)$ 将输入数据从原始低维空间映射到一个更高维的特征空间，使得原始数据在新的特征空间中呈现线性可分的特性，以便更好地进行分类。不同核函数的选择将影响分类结果的精确度，因此计算过程中核函数的选择非常重要。

核函数的表示形式如下：

$$K(x, y) = \varphi(x) \cdot \varphi(y)$$

其中，$\varphi(x)$ 为映射函数，x 和 y 代表原始空间中的两个点，通过映射函数这两个低维度的点被带到了高维度特征空间中。常用的核函数主要有线性核（Linear Kernel）、多项式核（Polynomial Kernel）、径向基函数核（Radial Basis Function Kernel）。当不确定用哪种核函数时，可优先验证高斯核函数。在实际操作中可以用 Python 中的 scikit-learn 库来应用支持向量机进行文本分类。

3. 卷积神经网络

在数字人文领域的研究与实践中，卷积神经网络在文本分类方面表现良好且训练时间相对较短，常应用于文本情感分析、主题分类等场景。卷积神经网络是一种深度学习模型，主要用于处理具有网格结构的数据，如图像（二维网格）和视频（三维网格）。它通过模拟人类视觉系统的工作方式，能够有效地提取图像中的局部特征，并通过层次化的结构逐步抽象出更高层次的特征表示。卷积神经网络在计算机视觉、自然语言处理等领域已被广泛应用。[1] 在具体研究与实践中，有以《二十四史》为训练集，在一体化词法分析的基础上，基于卷积神经网络进行自动断句，在《三国志》上取得了0.8669的高F值；[2] 也有对诗词风格自动识别进行了探索，基于卷积神经网络模型实现了中国古典诗词的风格自动识别。[3] 与朴素贝叶斯模型和支持向量机模型相比，该方法在较少人工干预的情况下取得了更优的分类效果。

卷积神经网络模型的结构如图 3-3 所示，主要包括输入层（Input Layer）、卷积层（Convolutional Layer）、池化层（Pooling Layer）、全连接层（Full Connection Layer）和输出层（Output Layer）。卷积神经网络可以将文本转换为向量表示，并使用卷积层和池化层等技术对文本进行特征提取和降维处理。全连接层与前一层的所有神经元项链，以获取文本的局

1.严春满,王铖.卷积神经网络模型发展及应用[J].计算机科学与探索,2021,15(1).
2.李成名.基于深度学习的古籍词法分析研究[D].南京:南京师范大学,2018. DOI:10.27245/d.cnki.gnjsu.2018.000211.
3.Jing Xuan, Zhong Shi H, Liang Yan L, et al.Brain-oriented Convolutional Neural Network Computer Style Recognition of Classical Chinese Poetry[J]. Neuro Quantology, 2018,16(4).

部信息并且将这些特征向量输入最终的分类器中，从而实现文本分类，如图3-4所示[1]。

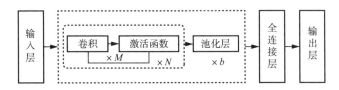

＊图3-3　卷积神经网络模型结构

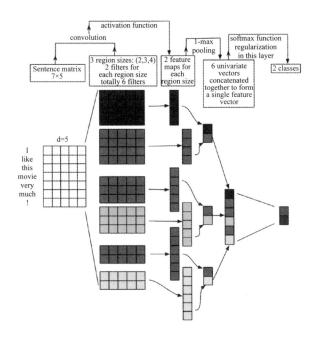

＊图3-4　卷积神经网络模型运行图[2]

1.书中许多图片为可视化系统的界面、代码图、结构图等，或存在繁简混用，中外文夹杂等现象，出于对其的完美呈现，一般不作修改。

2.Zhang Y, Wallace B. A Sensitivity Analysis of (and Practitioners' Guide to) Convolutional Neural Networks for Sentence Classification[J]. Computer Science,2015.

在文本分类的实践中，金提出了一种基于预训练Word2vec的TextCNN模型，用于句子的分类任务利用卷积神经网络完成句子分类的方法。[1]该模型结构如图3-5所示，卷积层包含多个卷积核，这些卷积核在输入层上滑动，并计算与每个位置的卷积。每个卷积核提取输入数据的局部特征，生成多个特征图。该模型能够有效地捕捉文本的局部特征和语义信息，被广泛应用于情感分析、主题分类、命名实体识别等任务中。卡其布伦纳等学者提出用于语句建模。

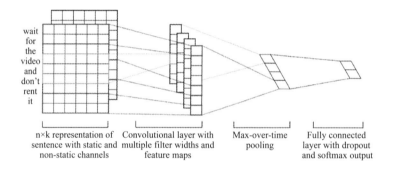

* 图3-5 TextCNN模型结构

卡其布伦纳等学者提出用于语句建模的动态卷积网络（Dynamic Convolutional Neural Network，DCNN），采用动态挑选最大特征的池化策略，在保留了特征顺序的同时也有利于累计句子中的关键信息，通过增加更多的卷积层、池化层和全

1.Kim Yoon.Convolutional Neural Networks for Sentence Classification[C]//Proceedings of the 2014 Conference on Empirical Methods in Natural Language Processing (EMNLP),2014.

连接层，以及使用预训练的词向量，来提高模型的特征提取能力和分类性能。[1]其解决卷积神经网络中文本的长距离依赖关系的问题，适用于情感分类任务。有的学者提出DPCNN可以通过增加网络的深度来捕捉文本的长距离依赖关系，提高了用于文本分类的准确度；[2]也有的学者提出了兼具循环神经网络和卷积神经网络优点的循环卷积神经网络（Recurrent Convolutional Neural Network，RCNN）模型以进行文本分类。[3]

4. 循环神经网络

循环神经网络能够处理文本、语音等序列数据，并通过记忆机制捕捉数据之间的依赖关系，从而更好地理解文本的语义和结构，常用于诗歌创作、文本分类、情感分析等任务以及自然语言处理、语音识别和时间序列预测等领域。循环神经网络包含循环单元，这种单元能够在处理序列数据时保留前一个时间步（Time Step）的信息，从而使得循环神经网络能够理解数据之间的依赖关系。循环神经网络的循环单元可以是简单的线性单元，也可以是更复杂的单元，如长短期记忆网络（Long Short-Term Memory, LSTM）或门控循环单元（Gate Recurrent Unit, GRU）。

在文本分类中，循环神经网络首先将中文文本转换为序列

1.Kalchbrenner N, Grefenstette E, Blunsom P. A convolutional neural network for modelling sentences[J]. Eprint Arxiv, 2014(1).
2.Johnson R, Zhang T. Deep pyramid convolutional neural networks for text categorization[C]//Proceedings of the 55th Annual Meeting of the Association for Computational Linguistics, 2017.
3.Wang R S, Li Z, Cao J, et al. Convolutional recurrent neural networks for text classification[C]//Proceedings of the 2019 International Joint Conference on Neural Networks, 2019.

数据，其中每个汉字或词语表示为一个向量。它的循环单元能够记住前面的信息，并在处理当前信息时考虑这些信息，从而捕捉中文文本中汉字之间的依赖关系。在处理序列数据的过程中，它能够自动提取文本的特征，而这些特征反映了文本的内容和结构。随后，循环神经网络使用提取的特征来做出分类决策，将特征输入分类器中，如逻辑回归或神经网络，以确定文本属于哪个类别。通过优化算法进行训练，从而不断调整网络参数，以最小化预测错误，提高分类的准确性。在数字人文领域，基于循环神经网络的RNNPG模型[1]等神经网络模型已被论证可以实现诗歌及对联的自动生成。刘腾飞等提出了结合循环网络和卷积网络的文本分类模型。[2]该模型使用词向量作为输入，用循环网络对文档进行表示，采用卷积神经网络对文档进行有效的特征提取，再采用归一化指数函数（Softmax）回归分类。循环网络能够捕捉到文档中词之间的关系，而卷积网络能够很好地提取出有用特征。该模型在情感分类的电影评论数据集、包含主客观句子的情感分析数据集、二分类的情感分析数据集、问题分类任务数据集等6个文本分类任务中进行了测试，且都取得了较单独的卷积神经网络或循环神经网络分类更出色的性能。

（三）文本聚类

文本聚类（Text Clustering）是一种基于相似性的无监督

1.Zhang X, Lapata M. Chinese poetry generation with recurrent neural networks [C] // Proceedings of the 2014 Conference on Empirical Methods in Natural Language Processing (EMNLP), 2014.
2.刘腾飞,于双元,张洪涛,等.基于循环和卷积神经网络的文本分类研究[J].软件,2018,39(1).

机器学习方法，它将大量文本数据划分为若干个类别，使得同一类别内的文本具有较高的相似度，而不同类别间的文本相似度较低。在数字人文领域，文本聚类可以帮助梳理大量文献资料，发现潜在的研究主题和趋势，揭示文献之间的关联性，为人文研究提供新的视角和方法。此外，文本聚类在主题建模、情感分析、知识图谱构建等方面也有着广泛的应用。本节将重点介绍在数字人文研究中相对常见且广泛应用的 K-means 聚类法和层次聚类法。

1. K-means 聚类

K-means 聚类（K-means Clustering）算法是一种基于距离的聚类方法，且最常用的是欧氏距离。它将文本数据分为 K 个簇，每个簇内的文本相似度较高，而簇之间的相似度较低。K-means 算法的优点是计算简单、处理速度快，适用于大规模文本数据集的聚类。然而，K-means 算法也存在一些缺点，如对初始质心的选择敏感，从而导致聚类结果不稳定。此外，K-means 算法无法处理非凸形状的簇，这样导致某些簇被错误地分配到其他簇中。在数字人文的研究与实践中，K-means 算法被广泛应用于文学领域作者风格的鉴别中。肖天久等运用汉语词法分析系统（Institute of Computing, Chinese Lexical Analysis System，ICTCLAS），同时利用实词词类和词长分布对文本进行层次聚类和 K-means 聚类，得出《红楼梦》前 80 回与后 40 回很可能非一人所作的结论。[1]朱枫怡等运用 K-means 聚类和层次聚类对《福尔摩斯侦

1.肖天久,刘颖.《红楼梦》词和 N 元文法分析[J]. 现代图书情报技术,2015(4).

探集》进行分析，利用文本聚类技术比较不同时期柯南·道尔的写作风格。[1]在具体操作过程中，K-means算法随机选择k个数据点作为初始簇中心，计算每个数据点与这些簇中心的距离，并将每个数据点分配到最近的簇中心所代表的簇中；更新每个簇的中心为该簇内所有数据点的均值；重复数据点分配和簇中心更新的步骤，直到簇中心的变化小于预设的阈值或达到最大迭代次数，从而得到K个稳定的簇，输出最终聚类结果。

2. 层次聚类

层次聚类（Hierarchical Clustering）是一种常用的聚类方法，它通过逐步合并或分裂的方式来构建一个簇的层次结构。这种方法不需要预先指定簇的数量，而是通过相似性度量来决定簇的合并或分裂，最终形成树状的聚类结构。层次聚类包括自底向上的聚合（Agglomerative）和自顶向下的分拆（Divisive）两种策略。在数字人文的研究与实践中，层次聚类法也得到了广泛应用。芝加哥大学文本光学实验室与上海图书馆合作的"民国时期期刊语料库（1918—1949）"项目，采用了层次聚类算法进行文本处理，对近现代期刊中"新文类"的构型因素进行多层面研究；[2]专治明清文学的青年汉学家李友仁运用层次聚类法对《明史》等126个文本进行分类，探究明清"野史"与"正史""小说"的关系。

1.朱枫怡,岳天泽,王可,等.基于柯南·道尔作品的文本聚类应用与探究[J].数理统计与管理,2019(5).
2.Spencer Stewart,赵薇,等.比较文学研究与数字基础设施建设:以"民国时期期刊语料库（1918—1949）,基于 PhiloLogic4"为例的探索.数字人文,2020(1).

（四）文本信息抽取

文本信息抽取（Text Information Extraction，TIE）是指从非结构化文本数据中自动识别并提取出结构化信息的过程。这些结构化信息通常包括特定的数据实体、关系、事件或其他相关信息。在数字人文领域，文本信息抽取技术能够帮助研究者从大量的历史文献、档案资料中高效地提取有价值的信息，构建知识图谱，进行历史趋势分析，深化对特定时期社会文化背景的理解，从而为人文研究提供全新的视角和方法。本节将重点介绍文本信息抽取中3项子任务：实体抽取、关系抽取和事件抽取。

1. 实体抽取

实体抽取（Entity Extraction）也称为命名实体识别（Named Entity Recognition, NER），是指从非结构化文本数据中识别和提取出具有特定意义的信息片段，是机器理解和处理人类语言的基础。实体可以是具体的人名、地点、组织、日期、时间等，也可以是抽象的概念或事件。在实体抽取过程中，文本被分析并标记出各种预定义类型的实体。

实体抽取的方法总体可以分为基于规则的方法、基于传统机器学习的方法和基于深度学习的方法。基于深度学习的方法，尤其是使用了预训练语言模型的方法，是目前在数字人文领域使用较为普及和先进的方法。在数字人文研究与实践中，黄水清、王东波、何琳等通过条件随机场模型，结合使用统计和人工内省方法确定的特征模板，完成对先秦典籍进行自动分词的探究。[1]北京师范大学中文信息处理研究所开发的古诗文断句和

1.黄水清,王东波,何琳.以《汉学引得丛刊》为领域词表的先秦典籍自动分词探讨[J].图书情报工作,2015(11).

多元古籍标注系统，通过使用 BERT 模型成功提升了命名实体的准确率，准确率超过90%[1]。韩立帆等提出基于预训练模型对历史古籍中的实体和关系等进行知识抽取的方法，从而能有效获取历史古籍文本中蕴含的丰富信息。[2]

2. 关系抽取

关系抽取（Relation Extraction）的目标就是从给定的非结构化的文本中提取出结构化的信息并判定实体之间的特定关系。在自然语言处理领域，关系通常指代文本中实体之间的联系，如语法关系、语义关系等。通常，我们将实体间的关系形式化地描述为关系三元组 $<E_1,R,E_2>$，其中 E_1 和 E_2 是实体类型，R 是关系描述类型。文本经过命名实体识别、关系触发词这两个处理步骤之后，会将三元组 $<E_1,R,E_2>$ 存储在数据库中以供后续的分析或查询。

常用的关系抽取方法主要包括基于机器学习的方法和基于深度学习的方法。基于机器学习的算法如支持向量机、条件随机场等，通过从标注过的数据中学习实体及其关系的模式；基于深度学习的方法利用深度神经网络，如卷积神经网络、循环神经网络、变压器等，通过学习文本的深层次表示来进行实体及其关系的识别。在深度学习的模型中，基于预训练模型的方法使用预训练的模型，它们已经在大量的文本数据上进行了预训练，可以用于实体及其关系的识别。在实际应用中，通

1.赵薇.数字时代人文学研究的变革与超越——数字人文在中国[J].探索与争鸣,2021(6).
2.韩立帆,季紫荆,陈子睿,等.数字人文视域下面向历史古籍的信息抽取方法研究[J].大数据,2022,8(6).

常需要根据具体任务和数据集的特点来选择合适的方法，并对其进行调整，以获得最佳的实体及其关系的识别效果。在数字人文领域的研究中，南京农业大学吴梦成等利用知识标注、实体和关系抽取等技术，抽取古农书中的知识，构建领域知识图谱，探索古农书的翻译与理解方式。[1] "宋元学案知识图谱系统"对240万字的《宋元学案》中的人物、时间、地点、著作及其关联进行提取，构建知识图谱，实现了可视化展现、交互式浏览、语义化查询。

3. 事件抽取

事件抽取（Event Extraction）旨在从非结构化文本中自动识别和提取出描述事件的信息。事件是指发生的事情，通常具有时间、地点、参与者、原因等属性，可以描述为状态的变化。事件抽取的目标是从文本中自动识别事件的触发词、参与者和其他相关要素。在数字人文领域，事件抽取的应用可以帮助研究者深入理解文本中的信息结构，从而支持更复杂的文本分析任务。在历史文献分析中，事件抽取可以帮助研究者识别文献中的重要事件，从而更深入地理解历史背景和事件的发展脉络。在文化遗产数字化项目中，事件抽取可以识别和提取文献中的重要事件，为文化遗产的保护和研究提供支持。

事件抽取包括4个子任务：触发器识别、事件分类、论元识别和论元角色分类。根据这4个子任务的处理过程，事件抽取任务分为基于管道的模型（Pipeline-based Model）和联合模型（Joint Event Extraction Model）。基于管道的模型

1.吴梦成,王东波,黄水清.古农书翻译与知识组织研究[J].中国农史,2024,43(2).

可将事件抽取分解为多个子任务，每个子任务由一个独立的模型处理，这些子任务的结果作为下一个子任务的输入，从而形成一个管道。这种模块化的设计使得模型设计更为灵活，新子任务可以添加到管道中。然而，由于每个子任务之间的独立性，信息可能会在传递过程中丢失，整体效率不高，并在传播的过程中误差不断积累，使得事件抽取的性能大幅衰减。为了解决这一问题，一些研究工作者提出了事件联合抽取方法。在联合抽取方法中，事件的所有相关信息会通过一个模型同时抽取出来，这种模型通常采用深度学习技术，如神经网络，利用上下文信息来提高事件抽取的性能。

在当前的数字人文研究中，相较于基于管道的模型，联合事件抽取应用场景更加广泛。喻雪寒等以《左传》的战争句作为实验数据，基于RoBERTa-CRF模型，先用多层Transformer模型提取语料特征，再结合前后文序列标签学习相关性约束，由输出的标记序列识别论元并对其进行抽取。[1]刘忠宝等在BERT模型和LSTM-CRF模型的基础上，提出了面向《史记》的历史事件及其组成元素抽取方法，并基于此，构建《史记》事理图谱。[2]

（五）文本情感分析

情感分析（Sentiment Analysis），也被称为意见挖掘，是自然语言处理、文本挖掘和计算语言学的交叉领域，旨在从非

1.喻雪寒,何琳,徐健.基于RoBERTa-CRF的古文历史事件抽取方法研究[J].数据分析与知识发现,2021,5(7).
2.刘忠宝,党建飞,张志剑.《史记》历史事件自动抽取与事理图谱构建研究[J].图书情报工作,2020,64(11).

结构化文本数据中自动识别和提取出文本的情感倾向、观点评价、态度情绪等主观信息。利用文本挖掘的方法，可以对海量的文学作品的情感倾向进行自动分析，并挖掘出总体的情感特征和相关的重要情感特征词。[1] 在数字人文研究中，文本情感分析的应用极大地丰富了研究者对文化变迁、社会情绪波动和历史事件背后情感动力的认识。通过对不同时期文本的情感倾向进行深入分析，研究者能够揭示特定历史时刻的社会心态、文化态度以及个体或群体的情感体验，从而为文学批评、历史解读和社会科学研究提供新的视角和实证数据。

根据使用的不同方法，可以将文本情感分析的方法分为基于情感词典的分析方法、基于传统机器学习的分析方法和基于深度学习的分析方法。

1. 基于情感词典的分析方法

情感词典是一种包含情感词汇和短语的资源，这些词汇和短语被赋予了正面、负面或中性的情感标签。当前中文自然语言处理情感词典以中国科学院计算技术研究所的知网情感词典（HowNet）和清华大学的中文褒贬义词典为代表，主要用于情感分析领域的训练和标注，为计算机理解中文文本中的情感色彩提供了基础数据。

在对文本进行基于情感词典的情感分析中，按照文本的粒度，可将情感分析的任务归纳为词、短语、属性、句子、篇章等多个级别。使用情感词典对文本进行分词等预处理后，通过统计文本中正面、负面和情感词汇的出现频率，判断文本的整

1.郭金龙,许鑫.数字人文中的文本挖掘研究[J].大学图书馆学报,2012,30(3).

体情感倾向是正面、负面还是中性的，输出情感类型。通过这种方式，可以对文本的情感倾向进行量化分析，从而为情感分析提供基础。

情感词典的构建方法可分为人工构建和自动构建。人工构建可以针对特定领域或特定类型的文本进行精细标注，但构建过程耗时耗力，无法处理大规模文本数据。自动构建因此成为当前数字人文领域研究与应用的主要方向。王科等对情感词典自动构建方法进行了论述，将情感词典自动构建方法划分了3类——基于知识库的方法、基于语料库的方法、基于知识库和语料库相结合的方法，并对现有中英文情感词典进行了归纳总结，分析讨论了情感词典自动构建方法存在的问题等。[1]

2. 基于机器学习的分析方法

基于机器学习的分析方法是一种利用机器学习算法来识别和分析文本中的情感倾向的技术。这种方法的核心思想是通过学习大量标注过的情感数据，让机器学习模型自动学习文本中情感表达的模式和特征，从而能够对未标注的文本进行情感分类。基于机器学习的分析方法主要分为有监督与无监督的方法。

有监督的方法是指通过给定带有情绪极性的样本集，用不同的分类算法进行训练，以得到不同的情感分类器预测新的句子的情感类型。常用的分类算法包括朴素贝叶斯、支持向量机、决策树等，应用更加广泛。无监督方法是指仅使用非标注样本进行情感分类建模，根据文本间的主要为基于情感词典、主题模型和聚类的方法，该分类方法准确率较低，在情感分析中使

---

1. 王科, 夏睿. 情感词典自动构建方法综述[J]. 自动化学报, 2016, 42(4).

用较少。

3. 基于深度学习的分析方法

基于深度学习的分析方法是利用复杂的神经网络结构，如循环神经网络、卷积神经网络等，捕捉文本的深层次特征和语义关系，通过词嵌入、模型训练和评估等步骤，充分利用上下文语境信息，实现对文本情感倾向的精确识别和分类。该方法适用于大规模数据集，擅长处理复杂和模糊的情感表达，近年来在数字人文领域有越来越多的相关研究与应用。李晖等在对古代中国的社会情感的研究中，提出了一种基于整合胶囊网络的格律诗情感分析方法。该方法对大量格律诗文进行预处理后，依据格律进行分类，分别构建相应胶囊网络模型，再通过基于字数的规则将4个模型整合，实现对格律诗文本的情感判别。[1] 蒋天奇等针对目前唐诗情感分析任务语义提取不充分、数据集不完善的问题，提出了一种融合文本图卷积神经网络与注意力机制的情感分类模型，有效提高了唐诗情感分析的准确性。[2] 吴斌等提出了一个基于短文本特征扩展的迁移学习模型，用于解决古代诗歌短文本因现代译文信息匮乏而导致的情感分析困难的问题。[3]

（六）文本可视化

文本可视化是一种将文本数据转换为图形或图像表示的技

1. 李晖,张天垣,金纾羽.古代中国格律诗中的社会情感挖掘[J].计算机工程与应用,2021,57(7).

2. 蒋天奇,方贤进,任萍.融合文本图卷积神经网络与注意力机制的唐诗情感分析[J].湖北民族大学学报(自然科学版),2024,42(2).

3. 吴斌,吉佳,孟琳,等.基于迁移学习的唐诗宋词情感分析[J].电子学报,2016,44(11).

术和方法，旨在通过视觉元素来揭示文本中的信息、模式和结构，重点关注如何将非结构化的文本内容以直观、易于理解的方式展现出来，是数据可视化领域的一个分支。由于人文研究中文本材料的普遍性，文本可视化是数字人文研究与实践中应用最多的可视化类型。在数字人文领域，文本可视化技术能够帮助研究人员更直观地理解和分析文本数据中的信息、模式和结构，快速发现文本数据中的关键词、主题演变趋势、人物关系网络等，从而更好地理解文本内容，揭示文本数据背后的规律和关系。本节将重点介绍文本可视化的主要实现形式与技术方法：词云、主题河流图和网络图。

1. 词云

词云（Word Cloud），又称标签云，是一种对文本进行总结概括的可视化方法。通过提取关键词在二维空间排布，词云能够快速传达文本中的主题和关键词，使得大量文本信息能够以直观、艺术的形式展现出来。通常，词云中的单词大小是根据单词在文本中的出现频率映射而来的。[1]一般来说，词语在词云中显示的大小与其在文本中出现的频率成正比。频率越高，字体越大。颜色方面，词云可以采用不同的颜色来区分词语且颜色可以随机分配，也可以根据特定的标准（如词性、情感倾向等）来设定。在布局方面，词语在词云中的布局可以是任意的，也可以按照特定的形状（如圆形、心形等）来排列。词云也存在一定的互动性，一些高级的词云工具允许用户与其进行交互，如点击单词查看更多相关信息。

1.包琛,汪云海.词云可视化综述[J].计算机辅助设计与图形学学报,2021,33(4).

　　词云的实现方法主要有两类：一类是现有工具或在线生成网站，一类是编码程序语言。在线词云生成网站，如Wordle、WordArt、易词云等可自动进行分词、词频统计，生成相应词云。使用过程中，用户还可对词云的呈现形状、颜色、大小、数量等进行设计调整。Python语言也可应用在词云生成中，并通过相应代码实现对词云图片形状、大小与颜色等特征的调整。图3-6所展示的词云图片是清华大学张琳越等采用Python的WordCloud软件包制作的《临川四梦》词云图，其通过生成的4张词云图对汤显祖在"四梦"中意象词使用的特点进行了探索，归纳出"临川四梦"词汇风格存在一定的聚类特征。[1]

图1.a　《邯郸记》词频

图1.b　《牡丹亭》词频

图1.c　《南柯记》词频

图1.d　《紫钗记》词频

＊ 图3-6 《临川四梦》词云图

1.张琳越,钟钰婷.汤显祖"临川四梦"的文本勘探与可视化分析[J].数字人文,2023(1).

2. 主题河流图

主题河流图（Theme River）可用于展示随时间变化的数据流，尤其当这些数据流代表不同的主题或类别时。这种图表通过多条流动的河流来表示数据，每条河流代表一个主题，河流的宽度表示该主题在特定时间点的数据量或重要性。主题河流图非常适合于展示时间序列数据，直观展现出多个主题随时间的变化趋势和它们之间的交互关系。在数字人文研究领域，通过主题河流图，研究人员可以更快速、更深入地理解数据背后的故事并预测未来的趋势。例如，研究人员可借由河流图分析文学作品中主题或风格的演变。在数字人文领域的实践中，北京大学数字人文中心根据《宋元学案》所作的"宋元学案知识图谱可视化系统"将《宋元学案》这本240万字的巨著改造成可视化、可交互、可遥读的数字人文作品。该系统通过将学案中的人物、时间、地点、著作以及它们之间的复杂语义关系提取出来，构造成知识图谱，生动呈现了历史事件对理学发展的影响。[1]

图3-7是北京大学数字人文中心根据《宋元学案》所作的宋代理学衍化脉络可视化图。图中的每一条河流代表一个学术门派（对应一个学案），纵览全图可以观察到宋代理学各门派和学说的发展演变，其中河流图中某个时间点的垂直高度反映了对应时间段该学派在世的学者数量。通过点击河流，用户可跳转到该学术门派的详细介绍页面进行浏览。天津大学的王佳琪提出了将词共现网络覆盖在主题河流图之上，通过点击选择不

1.王军.从人文计算到可视化——数字人文的发展脉络梳理[J].文艺理论与批评,2020(2).

同的主题切换该主题下的词共现网络，从而清晰直观地了解所有主题的发展。[1]

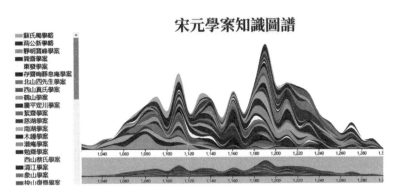

* 图3-7 宋元学案知识图谱

主题河流图实现的方式可通过Gephi、Tableau、Power BI等可视化工具实现，也可以通过Python、R、JavaScrip等编程语言来实现。Echarts作为百度公司基于JavaScript开发的开源可视化库，可以在网页中展示可视化的数据，提供丰富的图表类型和高度可定制化的配置选项，帮助用户创建直观、互动和高度个性化的图表。此外，Echarts提供了详细的配置项说明和丰富的示例，可以帮助用户快速上手并实现对复杂的图表需求。

3. 网络图

网络图（Network Graph），也称为关系图或社会网络图，是一种用来表示实体（节点）之间关系（边）的图形表示方法。

1.王佳琪.一种基于文献数据探索学科结构的可视分析方法 [D]. 天津：天津大学,2020.DOI:10.27356/d.cnki.gtjdu.2020.004638.

在网络图中，节点通常代表个体、组织、国家或其他实体，而边则代表节点之间的连接或交互，如友谊、血缘、通信或其他类型的关联。在数字人文领域，网络图作为一种强有力的分析和展现工具，为研究者提供了新的视角和方法，有助于揭示数据背后隐藏的模式和关系。向帆、朱舜山利用"中国历代人文传记资料库"中的家族关系数据，结合上海图书馆的家谱数据和可视化、三维技术及其交互性，建构中国古代皇室家谱巨大的树状立体网络，从中发现和解释家谱记录中的可疑关系。童茵等运用卷积神经网络，研发了图像关联人工智能引擎，对董其昌书画作品图像本体及绘画元素进行分析，为进一步自动图像聚类分析（如技法同纪年的关系）、相似度匹配、智能策展与创作等应用提供了精准的数据基础。[1] 在这个项目中，童茵团队从董其昌的相关文献中提取了132位与其相关的人物，从家族、艺术、官场和科举4个维度进行分类，探索他们和董其昌之间的交游关系以及他们之间的社交关系，如图3-8所示。[2] 严军等通过网络图的呈现方式，从宋代政治整体网络分布特征、核心人物的地位与结构拓扑以及不同时期宋代政治网络的时序政治关系演化模式三个层次，进行逐一分析与讨论，为研究宋代党争政治格局提供了一种新的思考方式。[3] 赵薇对中国现代小说家李劼人的代表作"《大波》三部曲"中的人物关系和社会网络进行了适用性分析、数据挖掘、中心性计算、可视化呈现以及结果

1.童茵,张彬.董其昌数字人文项目的探索与实践[J].中国博物馆,2018(4).

2.童茵.董其昌数字人文图谱设计与数据解析[J].数字人文,2021(2).

3.严承希,王军.数字人文视角:基于符号分析法的宋代政治网络可视化研究[J].中国图书馆学报,2018,44(5).

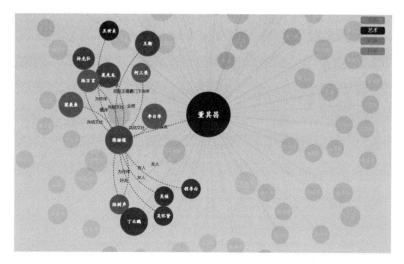

* 图3-8　董其昌交友网

阐释分析等工作，就加权网络中最高中介中心性节点所提示的关键人物的叙事功能进行了深入探讨，直观还原了小说家对20世纪初由立宪派领导的保路风潮所引发的共和革命的复杂态度，从而将其历史小说的真正价值公之于世。[1]

　　总体来看，网络图的构建步骤包括数据准备、选择合适的工具或库、创建网络并添加节点和边、选择布局算法、设置可视化选项以及进行交互式展示和分析。在构建的过程中，可以选用Gephi、UCINET（University of California at Irvine Network）、NodeXL等工具软件或者Python、R等编程语言。其中，Gephi采用多任务架构框架并装配有快速三维渲染引擎和自适应开放图形库，可通过外接网络爬虫来实时获取互联网的信息，因此，Gephi常用于互联网中的人际关系、信息传递、

1.赵薇.社会网络分析与"《大波》三部曲"的人物功能[J].山东社会科学，2018(9).

知识共享等网络的研究。[1]

二、基于图像的技术方法

（一）图像处理流程与工具

图像作为一种非文本型的数据资源，具体表现形式多样，包括照片、绘画、手稿、草图等，在文化遗产领域常以壁画、油画、织锦画等形式出现，包含了深刻的文化内涵、复杂的时空场景和抽象的思想寓意，能够传递文本难以表达的复杂信息。[2]利用信息技术将实体转化为数字图像的过程涉及包括实体修复、图像采集、图像识别、图像处理、图像标准化加工等诸多问题。[3]王天凤以故宫博物院为研究对象，对文物信息采集标准化发展、文物采集标准规范、文物采集方式、图像文件格式、信息登记要素以及标准化的应用方面作出了相关归纳。[4]林亚静针对光学字符识别过程中由曝光、模糊、畸变等不可控因素带来的图像质量低下这一问题，提出了基于深度学习的文本图像质量提升系统。[5]李升探讨了数字化辅助壁画保护修复技术、智能化临摹辅助技术和色彩虚拟复原技术在敦煌壁画数字化过程

1.梁辰,徐健.社会网络可视化的技术方法与工具研究[J].现代图书情报技术,2012(5).

2.曾蕾,王晓光,范炜.图档博领域的智慧数据及其在数字人文研究中的角色[J].中国图书馆学报,2018,44(1).

3.颜佳,杨敏,彭梅.面向数字人文的图像数据基础设施建设研究——以我国图博档领域为视角[J].图书馆,2021(5).

4.王天凤.可移动文物图像采集的标准化建设与应用——以故宫博物院为例[J].中国标准化,2022(21).

5.林亚静.面向OCR的图像质量提升方法及其应用研究[D].西安:西安电子科技大学,2020.DOI:10.27389/d.cnki.gxadu.2020.003510.

中的应用。[1]钱铮等对民国期刊数字化转换可允许的倾斜度进行了探讨，并找出了合适的倾斜度作为民国期刊数字化过程中的图像扫描标准和图像纠斜标准。[2]伴随数字人文领域内图像研究的发展，相关的技术工具也在不断更新。

1. 图像处理操作流程

一个完整的图像处理流程一般为：①进行图像数据的采集和准备，确保其质量和完整性；②完成采集后，对图像进行数字化，以高分辨率保留细节；③通过增强、分割、特征提取、目标检测和光学字符识别等技术对图像进行处理；④对处理后的图像添加元数据，并进行语义标注；⑤利用统计和机器学习等方法对图像数据进行分析，解读分析结果；⑥将分析结果以图表、多媒体、报告等形式呈现，并通过在线平台或数据库共享图像和元数据，促进学术交流和合作（图3-9）。在实践过程中，该操作流程是一个动态、迭代的过程，可以根据具体的研究需求和应用场景进行调整和扩展。

* 图3-9　图像处理全流程框架图

1.李升.敦煌壁画的数字化保护与传播研究[J] 艺术教育,2018(16).
2.钱铮,颜佳.民国期刊数字化建设中图像倾斜度问题研究[J].图书馆杂志, 2013, 32(5).

2. 图像处理方法工具

在对图像进行处理的过程中，在完成数据的前期收集准备后，从图像数字化到最后的结果呈现，几乎每个环节都会涉及多种工具与技术的应用。

（1）图像数字化

图像数字化工具：高分辨率扫描仪、数码相机等，将物理图像转换为高分辨率的数字图像。

图像编辑软件：如Adobe Photoshop、GIMP等，用于调整亮度、对比度、裁剪等预处理步骤。

（2）图像处理

图像处理软件：如Image J、MATLAB等，用于图像增强、分割、特征提取等。

深度学习算法：卷积神经网络用于图像识别和分析，生成对抗网络和变分自编码器等用于生成新的图像。

光学字符识别软件：如ABBYY FineReader、Adobe Acrobat等，从图像中提取文字内容。

（3）语义标注与元数据加工

语义标注工具：如VoTT、LabelImg等，用于对图像内容进行标注。

元数据管理软件：如Metadata Extraction Toolkit等，用于记录和维护图像的元数据信息。

众包：借由如Amazon Mechanical Turk、Figure Eight等众包平台或项目的开放网站，获取图像的标注信息。

（4）数据分析与解读

统计分析软件：如R、社会科学统计软件包（SPSS）等，用于对图像数据进行统计分析。

机器学习平台：如TensorFlow、PyTorch等，用于训练和应用机器学习模型进行图像分析。

（5）结果呈现与共享

数据可视化工具：如Tableau、Power BI等，用于将分析结果可视化。

在线平台和数据库：如DHCommons、Zotero等，用于共享图像和元数据。

沉浸式交互工具：虚拟现实技术（Virtual Realit，VR）能够提供完全虚拟的环境，用户通过头戴显示器（Head Mount Display，HMD）等设备被完全封闭在一个由计算机生成的三维世界中，与真实世界隔绝；增强现实技术（Augmented Reality，AR）则是在现实世界的基础上叠加虚拟信息的技术，用户通过设备（如智能手机、AR眼镜等）看到现实世界和虚拟物体的结合。两者都可以通过计算机生成的图像、声音或其他感官刺激来模拟或增强用户对现实世界的感知，创造身临其境的体验。

（二）图像处理平台建设

在数字人文研究领域，陈涛等学者从众多的数字技术中凝练出了5类最常用的关键性技术，提出了LIBRA技术体系，主要包括关联数据、国际图像互操作框架、大数据、资源描述框架和人工智能。[1]多维度图像智慧系统（Multi-dimensional

1.陈涛,李惠,张永娟,等.LIBRA技术理论及其在史料图像资源中的应用[J].大学图书馆学报,2022,40(4).

Image Smart System，MISS）就是一个由LIBRA技术理论驱动，采用语义网、关联数据、本体、知识图谱等语义框架和技术构建，实现古籍、文物、藏品中的文字识别、图文识别、版本比对、特征提取、光谱分析等功能的图像应用平台，如图3-10所示。该平台由华东师范大学数据与调查中心、上海市多维度信息处理重点实验室联合发布，致力于以数据驱动人文艺术研究创新，构建一站式图像应用生态。在该平台的基础上，陈涛提出将视觉目标标注工具VoTT和多维度图像智慧系统结合，形成从组织到标注、发布到复用、从浏览到研究的全流程，为图像资源的研究与利用探索一条新路径。[1]上海图书馆的"历史人文大数据平台"、上海财经大学的"永乐大典"、中山大学的"徽州文书"和南通大学的"尔雅音图"等馆藏资源的项目建设都对多维度图像智慧系统平台进行了使用。

* 图3-10　多维度图像智慧系统界面

1.陈涛.目标检测在数字人文图像中的应用尝试[J].数字人文研究,2021(3).

多维度图像智慧系统平台的操作流程如下：

①上传/复用图像：上传自有图像资源，或者浏览已经发布的国际图像互操作框架资源并收藏资源中的图像。

②创建/标注图像：根据选择的图片创建自属的藏品（Manifest），可对创建的藏品进行语义标注（Semantic Annotation）。

③赏析/研究图像：可以通过二维码分享藏品，也可同时分享标注后的藏品，用于赏析用途。

（三）图像处理相关标准

在数字人文研究中，仅将图像进行数字化处理与储存无法真正提炼出其中蕴藏的大量信息与丰富价值。相较于文本，图像资源的建设需要更为系统化、标准化、自动化的体系结构和框架。而一直以来，由于语义化程度低、资源利用率低、信息封闭等问题，图像资源形成了信息孤岛、价值洼地，成为"鸡肋"。为了打破这些桎梏，世界范围内的各研究机构与学者需要以一些统一的标准来指导图像数据库的建设，实现图像资源的互通互联，共建共享；同时运用关联数据技术将这些不同标准的结构化数据和位于多数据节点的非机构化数据转换成遵循统一标准的结构化数据，以便机器理解和使用，提升图像资源的复用与传播。国际图像互操作框架（International Image Interoperability Framework，IIIF）和关联数据（Linked Date）的标准正是在这一背景下应运而生的，其为图像资源的组织与互操作、图像语义特征与文化内涵的揭示、图像资源间的链接与知识组织开发等方面提供了重要支撑。陈涛等就基丁国际图像互操作框架，以关联数据、语义网为支撑，构建了语义知识（本体）

管理平台，以实现图像内容语义增强、对象标签聚类和资源精准关联。[1] 可以说，以关联数据和国际图像互操作框架为代表的国际标准的确立开启了数字人文研究的新时代。[2]

1. 国际图像互操作框架

国际图像互操作框架于2015年6月18日由来自欧洲和美国的国家图书馆、顶尖大学图书馆、博物馆等29个非营利图像资源存储机构共同成立，旨在确保全球图像存储的互操作性和可获取性，对以图像为载体的书籍、报纸、地图、卷轴、手稿、乐谱、档案资料等在线资源进行统一展示和使用。[3] 国际图像互操作框架是一组应用程序编程接口（Application Programming Interface，API），本质上是一组针对数字图像资源库互操作功能制定的共享应用程序编程接口规范，可以实现图像展示、图像对比、图像的标注、引用和分享以及图像的资源整合这几大功能。在数字特藏资源建设中，国际图像互操作框架主要应用在3个方面：①为用户提供高精度图像的访问和丰富的图像访问功能，提升用户体验；②对图像的内容特征、视觉元素等进行细粒度的描述及语义组织，用以支持基于图像的数字人文研究；③用以资源整合，在不同机构或平台之间实现图像资源的共享和重用。[4]

1.陈涛,单蓉蓉,李惠.数字人文中图像资源的语义化标注研究 [J].农业图书情报学报,2020,32(9).

2.陈涛,张永娟,单蓉蓉,等.数字人文图像资源语义化建设框架研究 [J].数字人文,2020,(2).

3.国际图像互操作组织成立 [J].国家图书馆学刊,2015(4).

4.程静.基于国际图像互操作框架的数字特藏资源建设研究 [J].数字图书馆论坛,2022,(4).

　　国际图像互操作框架致力于建设一个全球图像互操作框架，借助关联数据、JSON、W3C网络协议等技术和标准，在不同系统和平台之间架起沟通的桥梁，使资源被方便地共享、分析和注释，为学者和研究人员提供对资源的最优访问，以解决文化资源在被数字化后产生的难以被发现、被再利用与引用、交换、比较分析等的挑战。在应用层面，有学者通过将国际图像互操作框架与W3C的Web注释数据模型结合，用于图像资源标注研究，进行图像标注术语词表的管理；[1]国立威尔士图书馆通过利用国际图像互操作框架，关联数据、本体和Web注释数据模型等标准和规范，搭建了众包平台进行报纸图片的抄录；英国国家图书馆LibCrowds项目则对英国老剧院海报上的演员、剧照等信息进行了标注；2019年5月29日，由日内瓦高等建筑学院（HEG-GE）发布的《在瑞士文化遗产机构中部署国际图像互操作框架的建议措施》白皮书更是体现出国际图像互操作框架在文化遗产中的重要性，目前瑞士虚拟手稿图书馆、瑞士图书馆数字化印刷平台及数字化报纸收藏平台、洛桑联邦理工学院珍贵书本数据库等均已使用国际图像互操作框架标准。[2]此外，法国国家图书馆、荷兰国立博物馆、哈佛大学图书馆、欧洲数字图书馆等在内的图书馆陆续推出了基于国际图像互操作框架的文化遗产数据库建设、资源发布和图像加工处

1.Loh G, Linked Data and IIIF: Integrating Taxonomy Management with Image Annotation[C]//2017 Pacific Neighborhood Consortium Annual Conference and Joint Meetings (PNC) , 2017.
2.陈涛,刘炜,孙逊,等.IIIF与AI作用下的文化遗产应用研究新模态[J]. 中国图书馆学报,2021,47(2).

理等项目和服务。我国上海图书馆率先在家谱、古籍等项目中使用国际图像互操作框架中的图像应用程序编辑接口和呈现应用程序编辑接口来进行大量全文图像资源的展示；[1]华东师范大学数字人文研究支撑平台使用了国际图像互操作框架和关联数据技术；[2]复旦大学图书馆引入了国际图像互操作框架中的向图书馆用户提供馆藏图像的资源服务。

国际图像互操作框架搭建于Java环境，主要由应用程序编辑接口实现其功能。应用程序编辑接口是国际图像互操作框架技术的核心构成部分，是资源提供机构与资源使用者之间相互联系的桥梁，是实现整个国际图像互操作框架共享网络的基础。[3]这些应用程序编辑接口包括图像应用程序编辑接口（Image API）、呈现应用程序编辑接口（Presentation API）、搜索应用程序编辑接口（Search API）和验证应用程序编辑接口（Authentication API）4部分。图像应用程序编辑接口是国际图像互操作框架的基础，以一种标准化的方式来请求和传递图像资源，它支持图像的缩放、裁剪、旋转等操作，并允许通过简单的统一资源定位系统（URL）来指定图像的显示参数。呈现应用程序编辑接口定义了如何构建和呈现图像集合的结构化信息，如书籍、文档、卷轴等，它支持多页文档的序列化和页面管理，使得图像资源可以被组织成有序的集合。搜

1.陈涛,张永娟,单蓉蓉,等.数字人文图像资源语义化建设框架研究[J].数字人文,2020(2).

2.陈涛,单蓉蓉,张永娟,等.数字人文研究的语义支撑平台构建研究——以ECNU-DHRS平台为例[J].图书馆杂志,2021,40(3).

3.张轶.国际图像互操作框架及其应用分析[J].数字图书馆论坛,2019(5).

索应用程序编辑接口允许用户对图像集合进行文本搜索，如搜索图像的元数据或相关文本内容。验证应用程序编辑接口为需要权限管理的图像资源提供了认证机制，它允许服务提供者控制对图像资源的访问，确保只有授权用户可以查看或操作特定的图像。此外，国际图像互操作框架平台还开发了众多图像资源共享技术，如image viewer、web client等。对此，国际图像互操作框架开发了一系列的工具，主要分为Image Viewing Clients和Image Servers两类；每一类下面又有多种工具，根据国际图像互操作框架网站的最新的工具名单，其中，Image Viewing Clients工具有Diva.js、IIPMooViewer、Mirador、OpenSeadragon、Leaflet-IIIF、Universal Viewer，Image Servers工具包括ContentDM、Djatoka、FSI Server、IIPImage Server、Loris、digilib。[1]

国际图像互操作框架主要有以下特点：

①互操作性：通过使用国际图像互操作框架，不同的机构可以使用相同接口来共享和访问图像资源；

②灵活性：用户可以根据需要获取不同大小、质量的图像，以适应不同的应用场景；

③可扩展性：国际图像互操作框架的设计考虑到了未来的扩展，可以支持新的特性和功能；

④开放性：国际图像互操作框架不依赖于特定的软件或平台，促进了技术的共享和创新。

1.寇晶晶,吴振新.国外图像资源长期保存实践研究进展[J].图书情报工作,2017,61(23).

2.开放标注数据模型

国际图像互操作框架并不包含语义标注标准和模型，因此要实现图像资源的语义标注，传达有关资源或资源之间关联的信息，需要结合另一个通用的国际标准——开放标注数据模型（Open Annotation Data Model，OADM）。[1]开放标注数据模型是一个用于描述网络上资源标注的国际标准，旨在提供一个统一的框架以便在不同系统和应用程序间共享和重用标注信息，实现对资源及其相互关系的详细信息的注解和传递。该模型定义了一个通用的框架，通过主体、目标、动机和选择器等核心组件，允许用户创建包含丰富语义信息的标注。借用此，研究者、图书馆员、教育工作者以及文化遗产保护者等相关人员能够对文本、图像、音频和视频等多种类型的资源进行精确标注，包括标注资源内容和资源之间的关联。此外，开放标注数据模型的互操作性和可扩展性确保了标注可以在不同的系统和应用程序之间无缝共享和重用，极大地促进了数字人文研究的深度和广度，为资源的发现、理解和分析提供了强有力的支持。

在数字人文的相关实践中，国际上许多大型图书馆都在采用开放标注数据模型进行图像标注，并让广大用户借由此技术参与到图像的集体标注与建设中。例如，英国国家图书馆在其"Turning the Pages"项目中应用了开放标注数据模型，允许用户对其数字化手稿进行标注，提供额外的解释和评论；美国国会图书馆在其"Citizen Archivist"项目中使用了开放标注数

1.陈涛,张永娟,单蓉蓉,等.数字人文图像资源语义化建设框架研究[J].数字人文,2020(2).

据模型，允许公众为其数字化手稿和照片添加标注，从而丰富这些历史资料的内容；欧洲数字图书馆利用开放标注数据模型为它的数字文化遗产收藏提供标注服务……

开放标注数据模型主要有以下特点：

①通用性：开放标注数据模型不仅适用于文本内容，还适用于图像、视频、音频等多种类型的资源。

②互操作性：该模型支持不同系统和平台之间的信息标注。

③可扩展性：开放标注数据模型的设计允许对其进行扩展，以适应新的标注类型和需求。

3. 关联数据

关联数据是一种基于互联网的数据发布和链接方法，它通过使用统一资源标识符来命名数据元素，并利用标准化的格式和协议，如资源描述框架，描述数据之间的关系，使不同来源的数据可以在网络上相互连接和引用，从而形成一个全球性的数据网络。这种数据组织方式提高了数据的可发现性、互操作性和重用性，为数字图书馆、学术研究、文化遗产保护和政府开放数据等领域提供了强大的数据整合和访问能力。在图像资源的建设与开发中，关联数据可以通过建立数据互联和语义关联，提高图像资源的检索效率，促进知识发现，并支持图像资源的共享与重用，为图像资源的深度开发提供强有力技术支撑。数据之间的关联越是丰富，数据的价值就越能得到体现。[1]克里斯蒂安·比泽指出关联数据是网络发布和连接不同领域数据的

1.大卫·伍德,玛莎·扎伊德曼,卢克·鲁思,等. 关联数据:万维网上的结构化数据[M]. 蒋楠译.北京:人民邮电出版社,2018.

最佳方法，提供了全球化的数据空间。[1]汤姆·希思也指出关联数据以分布式、去中心化的思想构建全球化的数据网络。[2]因此，结合了关联数据的图像才能被放于更广阔的分析和研究视野之中，其学术价值与背后更深层的意义才能被真正关联与开发。

关联数据的价值需要通过资源描述框架数据模型实现。资源描述框架可以在Web上表示和交换数据，使得信息能够在不同的应用程序之间交换和重用。资源描述框架由3个基本组件构成：主体（Subject）、谓语（Predicate）和客体（Object），统称为三元组（Triple）。主体代表资源，是三元组中的中心元素，通常是正在被描述的资源或事物，常通过一个统一资源标识符来标识。谓语代表资源的属性，包括资源的外观、特点、性质和与客体之间的关系等；一个资源可以有多重属性；谓语通常是一个统一资源标识符，指向一个定义了特定关系的资源。客体作为三元组中的第3个元素，代表了属性的值，它提供了关于主体的具体信息，或者是对主体进行描述的另一个资源；每个属性值可以是简单的值，如数字、字符串等，也可以更复杂，这些值本身又是资源。[3]在数据表达方面，任何一种关系都可以通过三元组来进行表达。在关联数据的实践过程中，通过采用资源描述框架数据模型，可将网络上多数据节点的非结构化数据和采用不同标准的结构化数据转换成遵循统一标准的结构化数据，实现数据间的关联，方便机器理解和处理。

1.Christian Bizer, Tom Heath,Tim Berners-Lee. Linked Data: the Story so Far[J]. International Journal on Semantic Web and Information Systems, 2009.
2.Tom Heath, Christian Bizer. Linked Data: Evolving the Web into a Global Data Space[J].Molecular Ecology, 2011,11(2).
3.宓永迪,夏勇.资源描述框架(RDF)的应用[J].大学图书馆学报,2001(2).

　　在数字人文领域，关联数据的优势在于将零散的知识信息进行关联组织，展示知识之间的关联关系，提升知识服务的水平。[1]因此，关联数据常被用来作为以知识组织的方式进行内容增强和基础设施建设。例如，芬兰实施的国家级数字人文关联开放数据基础设施项目通过创建集中式的国家关联数据服务，支持数据密集型的数字人文研究，并通过开放接口以结构化、标准化的格式发布和利用数据集。在我国，关联数据的相关研究也逐步从理论构想落地到实践之中：上海图书馆利用关联数据技术将家谱资源和接口开放出来，让读者不仅可以利用家谱资源，也可以参与到资源开发之中，探索资源二次利用的价值；夏翠娟等学者将关联数据应用到古籍循证研究中；[2]吉林大学赵夷平、毕强使用关联数据来进行学术资源网相似文献的发现研究；[3]华东师范大学鲁丹、李欣也将关联数据和本体应用到数字方志集成平台的构建中；[4]武汉大学的侯西龙、谈国新等基于关联数据技术，以湖北省非遗项目为例，构建了非遗知识关联数据集与知识服务平台。[5]

　　关联数据的提出者、万维网创始人蒂姆·伯纳斯-李认为关联数据应遵循以下4个基本原则：

　　①使用统一资源标识符作为事物的名称：每个数据元素都

应该有一个唯一的网络地址，以便可以准确地引用它；

②使用超文本传输协议使事物可以被访问：通过网络协议，用户可以访问到这些统一资源标识符指向的数据；

③当有人访问某个统一资源标识符时，提供有用的信息：统一资源标识符应该指向一些有用的信息，通常是关于资源的描述；

④包含指向其他统一资源标识符的链接，以便可以发现更多的事物：数据应该包含指向其他相关资源的链接，使得用户可以从一个资源跳转到另一个资源。

早于关联数据的传统数据库技术基于关系模型，使用内部主键进行数据引用，通过外键实现数据互联，使用结构化查询语言（Structured Query Language，SQL）进行结构化查询，相对而言比较封闭。关联数据基于图的数据模型，通过统一资源标识符进行唯一标识，便于创建全球范围内的数据链接和网络，支持跨数据源查询，强调数据的开放性和可发现性，适合于需要高度互操作性、语义丰富、动态链接的数据应用，如知识图谱和开放数据等。相较于更擅长处理结构化数据的传统数据库技术，关联数据库更适合表达和探索数据之间的复杂关系，更贴近现阶段以半结构化或非结构化为主的数字人文资源建设实情。

三、基于空间的技术方法

（一）空间处理流程

空间是社会、文化和历史建构的产物，承载着文化意义和象征。空间是事物存在的三维范围，包含位置、距离、形状和方向等要素。在数字人文叙事环境中，空间的概念不再是传统意义上的自然地域空间，而是一种社会建构，是赋予了人类社会及文化意义的自然与人文综合景观和场所。[1]通过将空间分析与空间可视化作为手段，能够展示时空经纬下人文的静态格局和动态变迁。作为数字人文学"空间化"发展的延伸，空间人文（Spatial Humanities）被该领域权威学者大卫·博登海默进行了如下定义："空间人文是对地理以及构筑的空间与文化、社会间交互影响的明确认识。融合了传统上对声音、经验、文本、图像等差异的关注，以及系统化的模型分析和虚拟现实等方式的分析与传达，动态地连接了时间、空间和文化。"

　　对于空间的处理流程旨在通过数字化方法揭示空间与人文活动之间的相互关系，为人文研究提供新的视角和工具。这一流程本质上是运用数字技术手段来采集、分析和解释地理空间数据与人文学科研究主题间关系的过程。通常，一个完整的空间处理流程依次包括数据的收集与准备、数据整合与地理编码、空间分析、可视化与地图制作、结果分析与解释和发布共享步骤。图像处理的全流程框架如图3-11所示，该参考流程在实际的应用场景之下会根据项目特点进行相应的变化。

* 图3-11　空间处理全流程框架图

1.陈刚."数字人文"与历史地理信息化研究[J].南京社会科学,2014(3).

（二）空间处理平台建设

我国地理信息系统平台的建设经历了从初期的基础设施搭建到现今的多元化应用拓展。在这一过程中，地理信息系统平台不仅积累了海量的地理信息数据，而且推动了数据处理、空间分析、时间序列研究等技术的不断进步。这些平台借由地理信息系统独特的空间可视化与分析能力，为人文社会科学的研究提供了前所未有的视角与深度。在地理信息系统的辅助下，历史事件的时空维度得以重新构建，文化遗产的空间分布得以精细描绘，社会变迁的地理脉络得以清晰展现。本节将列举其中的平台作为介绍，余不一一。

1. 中国历史地理信息平台

中国历史地理信息平台是由复旦大学历史地理研究中心历史空间综合分析实验室主持开发，基于中国历史地理信息系统项目以及各类历史地理信息系统数据资源，构建的统一时空框架数据信息平台。平台于2021年7月正式对外发布，实现了多源历史地理数据的存储、管理、发布、共享、可视化、时空分析和综合应用，其综合的数据集成能力、开放的共享机制、丰富的可视化效果和强大的时空分析功能，可有力支撑历史地理和多学科交叉综合研究，推动科研学术创新。平台的数据来源分为服务器数据、用户数据和志愿者数据。服务器数据主要包括矢量的《中国历史地图集》各标准年代断面政区数据、中国历史地理信息系统数据集和历史河流数据集。用户数据是使用者根据研究所需上传自己的数据后，利用服务器数据绘制所需的历史地图。志愿者数据则主要利用西安云图公司提供的经过配准的各类实测地图，以实现历史地名数据管理、更新、检索和调用，完成古今地名对照。该平台包括5大模块—— 中国历史地理信息系统、古旧地图、时空框架、数据库和资源中心（图3-12）。中国历史地理信息系统模块包含对基础空间和专题要素进行综合展示、查询、分析和应用的功能，支持地名查询、用户标注和地图制图；古旧地图模块将大量古旧地图空间配准和校正后，以服务方式进行共享和展示；时空框架模块支持各类资源数据分目录导航、定位、叠加、浏览、查询和统计分析应用；数据库模块包含上海道契档案数据库、明清官修方志总目检索系统等文本型专题数据库；资源中心模块提供展示地图信息搜索，查询配准地图和发布数据等功能。

＊ 图3-12　中国历史地理信息平台首页

2.丝绸之路历史地理信息开放平台

丝绸之路历史地理信息开放平台是一个集历史、地理、环境、民族、经济等多学科于一体的综合性科研平台，旨在利用空间信息技术及其他相关信息技术，结合传统的历史学、考古学等方法与相关的历史文献资料、考古信息及遥感影像数据等资料，利用地理信息系统技术，针对丝绸之路沿线的环境、民族、经济、交通、文化等要素进行空间定位，重点针对汉、唐、明、清丝绸之路经济带的兴起、发展和逐渐衰落，构建2000年丝绸之路沿线时空数据库。平台包含多个子项目，如历史地名数据库、水环境信息系统、土地利用与覆被信息系统等，为研究者提供全面的历史地理数据查询服务和地理信息系统服务，可供全球用户参与内容更新与维护，是研究丝绸之路社会变迁过程的重要网络平台。

3. 明清水陆路程

明清水陆路程与文学项目是由简锦松带领其学术团队完成的。该项目采用"现地研究"方法，全面整理了中国古代的道路信息，并且与明清时期的文学创新研究相结合。平台已发布的第一部作品是"福州至杭州"——透过在线交互式电子地图，呈现明清时期福州至杭州官私二路，包括县前铺、驿站、县城图、驿路（线）、邮铺陆路（线）、驿路沿线地名、邮铺相关地名及福州至杭州河道之支流等图层在内的相关地理信息系统图层。使用则可任意缩放比例尺及范围，套叠不同图层，在图面上查询地点及路线的说明信息。平台可应用于唐宋元明清的文史研究，现已提供了6件具有代表性的明清个人行记的研究范例。此外，平台未来将继续推出包括《以京杭大运河为中心之江南水陆路程系统》《明代大运河江北运程之两次变化》等多个研究项目，并将黄汴的《一统路程图记》、程春宇的《士商类要》、清人的《周行备览》等历史文献全面数字化，纳入平台资源。

（三）地理信息系统

1. 发展沿革

地理信息系统是一种用于捕获、存储、检查、分析、管理和呈现所有形式地理数据的计算机系统。从广义上的应用语境来看，地理信息系统主要应用在基于地理信息的制图、数据生成以及特定地理信息系统地图的绘制和研究。在数字人文中，地理信息系统的应用主要集中于古籍数字化资源建设与组织、空间数据挖掘与知识发现、文献文档空间化以及文化遗产管理与保护等方面。英国人斯诺通过绘制霍乱传染地图，有效地跟踪到了伦敦霍乱的源头，这是世界上最早使用地理信息系统的案例。[1] 之后，制图和地理测绘技术不断发展。19世纪，地理空间分析技术有了显著的进步。20世纪30年代，学界开始探索如何将"时间"与"空间"结合起来。英国历史地理学家达比在1936年出版的《1800年以前的英格兰历史地理》中提出了"横剖面法（cross-section）"，该方法重视对过去地理现象的描述，选择时间序列上若干个地理空间剖面，以反映区域的演变。几乎是同一时期，美国历史地理学家卡尔·索尔提出了"文化地景（Cultural Landscape）"概念，强调地理学者的角色在于调查与了解自然地景到文化地景转化的内在时空脉络，而非仅停留在区域差异现象的简单描述。[2] 20世纪60年代，加拿大地理学家罗杰·汤姆林森在其领导的一个加拿大统计局项目中开发了世界上第一个综合性的地理信息系统——加拿大地理信息系

---

1. 郭晔旻 . 从流行病学调查开始 霍乱：压制"19世纪的世界病"[J]. 国家人文历史 ,2020(8).

2. 陈刚 ."数字人文"与历史地理信息化研究 [J]. 南京社会科学 ,2014(3).

统（Canada Geographic Information System，CGIS），主要用于土地管理和规划，标志着地理信息系统作为一个独立学科的诞生。

地理信息系统在数字人文领域中的深度应用体现在了历史地理信息系统的出现与普及。历史地理信息系统作为地理信息系统和历史学的交叉学科，其发展可以追溯到20世纪90年代。"历史地理信息科学"这一概念是古特柴尔德在其代表作《地理信息系统与科学》（*Geographical Information Systems and Science*）中正式提出。[1]随着地理信息技术的快速发展以及对人文学科的融合渗透，西方国家相继建立了一些颇具特色的历史地理信息平台，如美国东海岸公共图书馆开发的弗吉尼亚1870—1935的铁路项目（The Countryside Transformed: The Railroad and the Eastern Shore of Virginia，1870—1935）、纽约公共图书馆开发的纽约城市地理信息系统项目（The New York City Historical GIS Project）、布朗大学开发的非洲史动画地图集（Animated Atlas of Africon History 1879—2002）、瑞典于默奥大学开发的拜占庭帝国犹太社区项目（Mapping the Jewish Communities of the Byzantine Empire）、加州大学伯克利分校开发的菲律宾文化地图（Batanes Islands Cultural Atlas）等。与国外相比，我国在历史地理信息系统领域的研究起步相对较晚。2000年，满志敏对光绪三年华北地区受旱灾村庄数量进行了整理，运用密度空间

1.潘威,孙涛,满志敏.GIS进入历史地理学研究10年回顾[J].中国历史地理论丛,2012,27(1).

插补算法绘制了直隶、山西两省的连续性旱灾空间格局，最终得出了此次灾害的驱动因素是厄尔尼诺现象的结论。[1]这篇经典文章被认为是早期地理信息系统在历史地理研究领域应用的里程碑。2001年，复旦大学历史地理研究所与哈佛大学等机构合作，在谭其骧主编的《中国历史地图集》基础之上，运用地理信息系统和地图数字化技术开发出了中国历史地理信息系统，建立了一套中国历史时期连续变化且开放的基础地理信息库，为研究者提供了地理信息系统数据平台、时间统计以及查询工具和模型。[2]这一项目最早把地理信息系统引入历史地理研究，引发了历史地理学研究范式的转型，引领了中国历史地理学研究方向近20年的发展。[3]自建成之后，该系统在数字人文领域得到了广泛应用。在中国历史地理信息系统基础上建设的中国人口历史地理信息系统，利用中国历史地理信息系统的政区数据，展现了多个历史断面下中国人口分布的空间特征。[4]复旦大学历史地理研究中心基于中国历史地理信息系统以及各类历史地理信息系统数据资源，于2021年7月上线了中国历史地理信息平台。2015年，由中国地理学会历史地理专业委员会主办、复旦大学历史地理研究中心承办的第1届历史地理信息系统沙龙在复旦大学历史地理研究中心举行，之后该沙龙每年举办一次，如今已发展为逾百人参加的盛会。

1.满志敏.光绪三年北方大旱的气候背景[J].复旦学报(社会科学版),2000(6).
2.葛剑雄.中国历史地理学的发展基础和前景[J].东南学术,2002(4).
3.张萍.地理信息系统(GIS)与中国历史研究[J].史学理论研究,2018(2).
4.潘威,王哲,满志敏.近20年来历史地理信息化的发展成就[J].中国历史地理论丛,2020,35(1).

  总结来看，地理信息系统在中国历史地理等人文学科中的研究与应用逐渐增多。在数字人文领域，当前对于地理信息系统的相关研究与实践主要分为地理信息系统在数字人文案例中的应用和地理信息系统基础设施平台建设两大类。其中，将地理信息系统应用到数字人文课题研究中的有：胡恒基于《缙绅录》量化数据库，采用地理信息系统分析法进一步探究清代政区分等对官员出身、选任以及晋升的影响;[1]余开亮在地理信息系统环境下采用"空间自相关"方法对清代各府粮食价格进行了空间统计，分析乾隆朝中后期各地粮价空间自相关性急剧下降的现象;[2]王法辉等以壮族人口聚居的广西壮族自治区为研究区，通过构建壮语地名地理信息系统数据库，利用可视化技术对当地壮语地名的分布及历史演变进行研究;[3]杨申茂等以明长城军事聚落为时空研究范围，采用地理信息技术手段，建立明长城军事聚落历史地理信息库;[4]杨静等运用3S技术探讨古城扬州在2500年间城市空间演变的驱动力因素。[5]在平台建设方面，则以丝绸之路历史地理信息开放平台、中国历史地理信息平台、唐宋文学编年地图平台、历史人文大数据平台等为代表。

1.胡恒.清代政区分等与官僚资源调配的量化分析[J].近代史研究,2019(3).

2.余开亮.清代粮价的空间溢出效应及其演变研究(1738—1820)[J].中国经济史研究,2017(5).

3.王法辉,王冠雄,李小娟.广西壮语地名分布与演化的GIS分析[J].地理研究,2013,32(3).

4.杨申茂,张玉坤,张萍.明长城军事聚落历史地理信息系统体系结构研究[J].中国长城博物馆,2013(3).

5.杨静,张金池,庄家尧,等.基于3S技术的扬州2500年间城市演变分析[J].北京大学学报(自然科学版),2012,48(3).

2. 基本构成

一般来说，一个完整的地理信息系统应该由5个部分组成：系统硬件、系统软件、空间数据、应用模型和应用人员。

（1）系统硬件

地理信息系统硬件是整个系统运行的基础设施，包括一系列相互配合才能完成地理信息系统工作任务的硬件设备。设备组件分为4个部分：计算机主机、数据输入设备、数据存储设备和数据输出设备。计算机主机是地理信息系统硬件系统的核心，负责执行大部分计算和处理任务。计算机主机的选择范围很广，可以是台式计算机、笔记本电脑或大型的多用户超级计算机，具体选择需要取决于地理信息系统的规模和复杂性。数据输入设备用于将地理信息数据输入地理信息系统中，能够将纸质地图、照片或其他形式的地理信息转换为数字数据，包括全球定位系统接收机、扫描仪、数字化仪等。数据存储设备用于长期保存大量的地理信息数据，包括硬盘、光盘、移动存储设备等，以确保数据的安全性和可访问性。数据输出设备，包括显示屏、打印机、绘图仪等，用于将处理后的地理信息数据呈现出来，使用户能够直观查看和分析地理信息数据。此外，在具体的应用中，地理信息系统还可能包括网络通信设备，如网络、光缆、集线器、路由器、防火墙等，用于连接多个计算机系统，实现数据共享和交换，从而提高地理信息系统的效率和功能。这些硬件组件共同构成了地理信息系统的物理基础，支持地理信息的采集、处理、存储和管理，以及最终的可视化输出和分析应用。

（2）系统软件

地理信息系统软件是整个系统的核心，分为地理信息系统功能软件、基础支撑软件、操作系统软件。地理信息系统功能软件分为地理信息系统基础软件平台和地理信息系统应用软件两大类。地理信息系统基础软件平台具有空间数据输入和编辑、空间数据管理、空间数据处理和分析、空间数据输出、图形用户界面、二次开发等功能。这些平台软件必须部署在支撑软件之上，否则无法完成地理信息系统任务。地理信息系统应用软件主要是针对具体的应用领域所开发出来的，是地理信息系统的功能扩充与延伸。基础支撑软件主要是系统库软件和数据库软件，是保障地理信息系统软件运行的操作系统。比如移动端的安卓系统、苹果 IOS 系统，电脑端的 Windows、Linux 和 MacOS 等系统。

（3）空间数据

整个地理信息系统都是围绕数据而展开的，因此数据是地理信息系统的核心内容和应用基础。地理空间数据一般包括已知坐标系中的位置、实体间的空间关系、与几何位置无关的属性（非几何属性）3 种信息。坐标系中的位置就是几何坐标，比如经纬度、平面直角坐标、极坐标等。实体间的空间关系包括度量关系（地物间的距离远近）、延伸关系（地物间的方位关系）和拓扑关系（地物间的连通、邻接等关系）。与几何位置无关的属性简称属性，比如要素的名称、数量、分类等，可以分为定性和定量两种。

（4）应用模型

应用模型也可以叫地理信息系统方法，是为了解决数字人文研究中各类历史地理时空分离应用问题而建立的计算机模型，包括计算方法和计算流程，是数字人文地理信息系统的最终目的与意义所在。通过空间分析和空间信息的可视化，应用模型能够呈现空间形态与格局随时间变化而进行的演变，协助研究人员研究时空背景之下某一课题的横纵切面。地理信息系统应用模型按照所表达的不同空间对象可分为3类。第一类是基于理化原理的理论模型，也称为数学模型，比如地表径流模型、海洋和大气环流模型等，其通过数学分析方法描述地理过程的物理和化学规律。第二类是基于变量之间的统计关系或启发式关系的经验模型，比如土壤流失方程、适应性分析模型等，它通过收集和分析大量数据，揭示变量之间的统计关系，用于预测和决策支持。第三类是基于原理和经验的混合模型，它根据研究对象的状态可以分为静态模型、半静态模型和动态模型。在模型中既有基于理论原理的确定性变量，也有应用经验加以确定的不确定性变量。例如，资源分配模型、位置选择模型等，这类模型结合了理论模型的理化原理和经验模型的统计分析方法，更全面地描述和预测地理现象。

（5）应用人员

人是地理信息系统重要的构成要素，一般分为两类——管理维护地理信息系统的专业人员（开发人员）和各行各业中使用地理信息系统的工作人员。地理信息系统开发人员是地理信息系统应用的关键，强有力的组织是系统运行的保障。使用地理信息系统的工作人员则是数量更庞大的群体，包括地理信息系统分析师、数字人文学者、数据科学家、城市规划师、环境科学家、地图制作者等。应用人员是地理信息系统中的关键因素，他们负责数据的收集、处理、分析和解释，以及最终的结果展示和决策支持。

3. 主要功能

（1）数据采集与输入

数据输入就是将系统外的原始数据传输到地理信息系统中，并将这些数据转换为地理信息系统可识别和处理的数字形式的过程。数据采集就是通过各种采集设备，如数字化仪、全站仪、调查等，获取现实世界的描述数据，并输入地理信息系统的过程。这些数据包括地图数据、统计数据和文字报告等。

（2）数据编辑与处理

数据编辑是指对地理信息系统中的空间数据和属性数据进行数据组织、修改，是地理信息系统最基本的功能。由于在数据采集阶段所获取的原始数据不可避免地含有误差，为了保证数据在内容、逻辑、数值上的一致性和完整性，需要对格局进行编辑、格式转换、拼接等一系列的处理，因此，地理信息系统需要提供强大的、交互式的编辑功能，例如图形编辑、数据变换、数据重构、拓扑建立、图形数据与属性数据的关联等。数据编辑分为矢量数据编辑和栅格数据编辑。矢量是点、线和带有顶点的多边形，例如，消防栓、等高线和行政边界。矢量数据的编辑与处理包括图形检查编辑、属性检查编辑、注记编辑等，其中，图形检查编辑主要用于修改要素的空间位置。栅格数据是看起来类似网格的数据，用较小的数据量和精确的边界、形状表示地理空间，以行和列的形式存储数据，可以是离散的或连续的，例如，研究人员在实践过程中经常将土地覆盖、温度数据和图像表示为栅格数据。栅格数据编辑则是用于处理以栅格结构表示的数据，包括栅格转换、栅格重分类、栅格统计等。

（3）数据储存、组织和管理

计算机的数据必须按照一定的结构进行组织和管理，才能高效再现真实环境和进行各种分析。由于空间数据本身的特点，地理信息系统必须发展自己特有的数据存储、组织和管理的功能。因此，数据库是地理信息系统的核心，用于存储和管理空间对象的数据，主要包括空间与非空间数据的存储、查询检索、修改和更新等。目前常用的地理信息系统数据结构主要有矢量数据结构和栅格数据结构两种。数据的组织和管理则有文件—关系数据库混合管理模式、全关系型数据管理模式、面向对象数据管理模式等。

（4）空间查询与空间分析功能

空间查询是地理信息系统最基本的分析功能。虽然数据库管理系统一般提供了如结构化查询语言的数据库查询语言，但对于地理信息系统而言，需要对通用数据库的查询语言进行补充或重新设计，使之支持空间查询。空间分析是比空间查询更深层次的功能，是地理信息系统的核心功能，也是地理信息系统和其他信息系统的根本区别，包括3个层次的内容——空间检索、空间拓扑叠加分析、空间模型分析。空间检索是可以通过空间位置检索空间目标和属性，也可以通过属性条件检索空间目标。空间拓扑叠加分析是通过点、线、面或图像实现相交、裁剪、合并、联合等功能。空间模型分析有数字高程模型分析、网络分析、图像分析、三维模型分析等。

（5）空间数据输出与可视化表达

图像是传递空间信息最直接有效的表达。地理信息系统的一个主要功能就是计算机地图制图，包括地图符号的设计、配置与符号化、地图注记、图幅整饰、统计图表制作、图例与布局修改等多项内容。地理信息系统可以通过图形、表格和统计图表显示空间数据及分析的结果，不仅可以输出全要素地图，还可以根据个人需求输出各类专题图纸、统计图和图表等，比如，国土空间规划中的土地利用现状图、土地利用规划图、道路等级图等。此外，地理信息系统软件可以驱动对结果进行输出的工具系统，例如，显示器、打印机、绘图仪等。

（6）应用模型与系统开发功能

随着地理信息系统在各行各业应用得越来越广泛，常规地理信息系统无法满足各类型的应用需求，例如，在数字人文领域的研究中，伴随学科融合的扩展与研究课题的深入，传统的基础地理信息系统平台已经无法满足当下研究的需求。而地理信息系统能够提供完整的应用程序编辑接口和开发环境的二次开发功能，可用于开发满足特定行业需求的应用模型或应用软件系统。以正被广大人文学者使用的 HGIS 为例，该系统正是在原有的地理信息系统三维空间数据的基础上，增加了时间的维度，构建出了具有时空概念的四维空间。

4. 关键技术

从广义上的地理信息系统应用语境来看，它主要应用在基于地理信息的制图、数据生成以及特定地理信息系统地图的绘制和研究。在数字人文中，地理信息系统的应用主要集中于古籍数字化资源建设与组织、空间数据挖掘与知识发现、文献文档空间化以及文化遗产管理与保护等方面。为了方便未来人文工作者对地理信息系统的使用，根据现有的数字人文项目与论文，结合地理信息系统操作流程，为数字人文中地理信息系统的相关运用梳理出一个标准体系，具体框架如图3-13所示。

* 图3-13　地理信息系统技术运用框架图

（1）地理信息数字化

地理信息系统技术的基础和实现前提是建立在大量准确、翔实、覆盖面广阔的地理信息上。地理信息数字化就是将从地图、文献等纸质材料上采集的信息转化为地理信息系统可识别和处理的数据形式。

为了保障在地理信息数字化阶段所得到的空间数据的质量，实现对空间数据库的浏览、检索和研究，在这里需要引入元数据这一概念。元数据是描述数据的数据，反映了数据集自身的特征规律，以便用户对数据集准确、高效与充分地开发和利用。不同领域的数据库，其元数据的内容会有很大差异。元数据通常包括对数据集、对数据质量、对数据信息、对数据转换方法的描述与说明以及对数据库更新、集成等。以地理信息系统在古籍数字化中的应用为例：为了实现对古籍深层次的开发和利用，可通过地理信息系统技术的可视化数据和空间关系分析能力，将文献资源的属性数据与具有结构特征的地理信息进行数据关联聚合，建构可视化的古籍时空网络，应在元数据中增加凸显时空属性的元数据项目，突出时间跨度、空间分布等表达时间特性和空间位置的信息。[1] 只有构建统一的时空参考框架，才能解决由地名、人名、行政区以及历法和纪年方式等复杂社会因素所带来的无法正确对应的问题。

（2）数据管理

数据管理是确保地理信息系统有效运行的关键环节，包括数据的存储、维护和更新。地理信息系统具有多种不同的数据存储方式，以适应不同的应用需求和数据特性，包括文件型数据库存储，如Shapefile格式和GeoJSON，以简单的文件系统结构保存地理信息；关系型数据库存储，如PostgreSQL/PostGIS和Oracle，通过标准化的数据库管理系统支持复杂的数据关系和任务处理；对象关系型数据库存储，如ArcSDE，提供对空间数据的专门支持，保持关系型数据库的优势；如MongoDB和CouchDB在内的非关系型数据库存储，适用于大规模结构化和半结构化地理信息系统数据的灵活存储；如Amazon S3等云存储服务，提供可扩展的在线存储，满足大数据和实时访问的需求。此外，数据质量也是数据管理的重要部分，直接影响到地理信息系统的准确性和可靠性。对于数据质量的评价可以从数据的准确性、完整性、一致性和时效性等方面进行考量。

（3）空间分析

空间分析是地理信息系统的核心，为决策提供重要支持，是地理信息系统区别于一般信息系统的主要方面，也是评价一个地理信息系统的主要指标。空间分析是基于地理对象的位

1.吴茗.GIS技术在古籍数字化资源建设中的应用[J].图书馆学刊,2016,38(4).

置和形态的空间数据分析技术，其目的在于提取空间信息或者从现有的数据派生出新的数据，是将空间数据转变为信息的过程。通过空间分析方法不但可以查询空间信息，还可以借由空间关系揭示事物间更深刻的内在规律和特征。如闫相向采用地理信息系统的空间分析方法解读民国洛阳老城的功能空间布局特征；[1]孙琦玮等运用空间分析方法中的核密度分析、协同区位分析、网络分析等方法，对民国时期兰溪县城街巷格局进行了回溯和数字化呈现，并在此基础上专题化分析了兰溪县城运输、粮食、中药、茶馆4个行业商业分布的时空演变。[2]

（4）地理信息可视化

地理信息可视化技术是一种利用计算机图形学和图像处理技术，将地理信息以图形图像的形式直观、形象地表达出来，帮助用户快速理解数据的含义和趋势，并进行交互处理的技术。通过这种技术，用户可以更加清晰地了解地理信息的分布情况、变化规律和相互关系，更好地进行决策和分析。通常，地理信息可视化的实现方式主要有：地图可视化、多媒体信息可视化、三维仿真地图和虚拟现实。

地图可视化是最常见和历史最久的形式，它可以通过地图的方式展示地理信息的分布情况和变化趋势，通常以二维平面的方式展现出来。

多媒体信息可视化是结合动态的效果、声音、动画等多媒

1.闫相向.基于GIS的民国（1927—1948年）洛阳老城功能空间布局研究[D].郑州：郑州大学,2021.DOI:10.27466/d.cnki.gzzdu.2021.004483.
2.孙琦玮,许懋彦.结合空间人文方法的民国时期兰溪县城商业空间演变分析[J].数字人文,2023(2).

体元素，传达更丰富的信息和感受，是地理信息可视化的重要形式。例如，在城市记忆项目通过使用声音和动画来呈现城市从无到有的建设故事。

三维仿真地图是一种高度逼真的虚拟地图，通过数据建模和图形渲染技术模拟现实世界的三维空间，为用户提供身临其境的视觉体验。这种地图不仅详细展现了地表的地理特征，如山脉、河流、城市建筑等，还精确描绘了地下的结构、植被的高度和密度，以及天气和环境变化等动态因素。三维仿真地图通常具备实时交互功能，允许用户进行自由探索、测量、分析和模拟，极大地增强了地理信息的真实感和实用性。

虚拟现实是一项综合集成技术，涉及计算机图形学、人机交互技术、传感技术、人工智能等领域，通过相关技术建立模拟环境，调动用户的视觉、听觉、触觉系统，使参与者通过适当装置沉浸式感受地理空间环境，获得交互体验。

在数字人文领域，地理信息系统技术已经成为连接地理空间与人文研究的重要桥梁。当前，地理信息系统技术的现状表现为数据处理能力的显著提升、可视化技术的不断创新以及跨学科应用的广泛扩展。然而，展望未来，地理信息系统技术的发展趋势将更加瞩目：一是向着更高精度和实时动态的方向发展，以满足对复杂人文现象的精细化管理需求；二是融合大数据、人工智能等技术，实现地理信息的智能分析与预测；三是推动虚拟现实、增强现实等技术在地理信息系统中的应用，为数字人文研究提供更加沉浸式和交互式的体验。总之，地理信息系统技术将继续在深化人文理解、促进知识创新和提升决策质量等方面扮演着重要角色。

四、基于技术融合的多模态方法

（一）多模态在数字人文中的应用实践

多模态（Multimodality）是指同时使用两种或多种感官进行信息交互的方式。在人工智能领域，多模态方法是指将不同类型的数据和信息进行融合，以实现更加准确、高效的人工智能应用。这些数据和信息可以来自不同的感官，如视觉、听觉、触觉、嗅觉等。通过多模态技术的处理和分析，人工智能系统能够更好地理解和处理复杂的信息，提高其性能和应用范围。数字人文中的多模态方法是指将文本、图像、音频、视频等多种模态数据融合在一起，更全面地理解和分析人文现象的技术。它突破了传统单一模态数据的局限，能够捕捉和表达更丰富的信息，为数字人文研究提供了新的视角和方法。可以说，相比于基于文本、图像、空间等单一研究主体的方法，多模态是数字人文研究中更加泛化、融合的技术统称，是一种人工智能生成内容时代下数字人文的新型研究方法。

在数字人文的具体研究实践中，多模态方法广泛应用于文化遗产保护、档案资源建设、数字展馆陈列等领域。夏翠娟提出GLAMs的文化遗产资源呈现出多媒体、多格式、多粒度的多模态特征，并通过案例分析及文献研究得出多模态文化遗产资源的智慧化服务——在不同的需求场景中，提前预测并自动适应用户对于不同模态文化遗产资源的需求。[1]付雅明等基于"跟着档案观上海"数字人文平台，揭示数字叙事是契合多模态

1.夏翠娟.多模态文化遗产资源的智慧化服务模式研究——从可获得到可循证和可体验[J].信息资源管理学报,2023,13(5).

档案资源体系技术性和公众性特点的一种有效开发模式。[1]李姗姗等在梳理与分析红色记忆资源多模态特性与开发现状的基础上，构建了由资源层、数据层、知识层、价值层组成的多模态红色记忆资源知识聚合与开发模式。[2]王美贤等以宋庆龄女士与中国福利会的相关档案文献为对象，提取多模态档案资源数据本身所含的人物、地点、时间、事件等维度的信息，建立故事线，结合虚拟现实、数字人等多种数字技术实现基于视听联觉的研究与构建，营造虚拟展厅与全景色、无损音效结合的全新沉浸感。[3]

（二）多模态在数字人文中的实现路径

1. 多模态数据融合

多模态数据（Multimodal Data）就是指不同种类数据、不同载体数据和不同形态数据的集合。除了文本、图像、音频、视频等常见的数据类型外，多模态数据还包括测绘三维、传感器采集等其他专有数据类型。[4]借助人工智能发展东风，智慧数据的生成进入了高效、深化的多模态集成新阶段。在此背景之下，大数据时代更加倡导数据资源的可读性、可获得性与互操作性。越来越多的数字人文项目以多模态、结构化的关系型数据库为后台支撑，搭建开放的数据服务平台，以作为数字

1.付雅明,普欣宇.数字叙事理论下多模态档案资源开发模式探究——以"跟着档案观上海"数字人文平台为例[J].图书馆杂志,2024.

2.李姗姗,罗梦涵,崔璐.数字人文视域下多模态红色记忆资源知识聚合与开发[J].档案与建设,2022(6).

3.王美贤,程宸,陈涛,等.沉浸式数字叙事中的视听联觉研究与构建——以宋庆龄与中国福利会相关档案开发实践为例[J].数字人文研究,2024,4(1).

4.范炜,曾蕾.AI新时代面向文化遗产活化利用的智慧数据生成路径探析[J].中国图书馆学报,2024,50(2).

人文基础设施的一部分。[1]以上海图书馆"中国家谱知识服务平台"为例，该平台是一个融合文本、图像、音频和视频等多模态数据的智慧数据集，构建了一个全面、系统、可检索的中国家谱知识库。平台通过数字化技术将家谱文献、家谱图像、口述史、录音、录像等多种类型的数据进行整合，并提供多维度的检索和分析功能，为研究者提供便捷的家谱资料检索、知识关联和深度分析，促进了中国家谱文化的传承和研究。

多模态数据融合是指将来自不同模态的数据进行整合，以便更全面地理解和分析研究对象。常用的多模态数据融合方法包括：

①特征融合：将不同模态数据中的特征进行融合，例如将文本数据中的关键词与图像数据中的颜色特征进行融合，以获得更丰富的信息；

②信息融合：将不同模态数据中的信息进行融合，例如将文本数据中的时间信息与图像数据中的空间信息进行融合，以构建更完整的历史场景；

③知识融合：将不同模态数据中的知识进行融合，例如将文本数据中的历史事件与图像数据中的历史建筑进行融合，以构建更全面的历史知识体系。

2. 多模态知识聚合

数字人文中的研究对象主体较为分散，且常出现多媒体、多格式、多粒度的多模态特征。[2]借助本体构建、语义关联、可

1.范炜,曾蕾.AI新时代面向文化遗产活化利用的智慧数据生成路径探析[J].中国图书馆学报,2024,50(2).
2.夏翠娟.多模态文化遗产资源的智慧化服务模式研究——从可获得到可循证和可体验[J].信息资源管理学报,2023,13(5).

视化呈现、叙事化开发等，可以从不同模态的资源细粒度关联中，梳理出更为完整的知识网络，拓宽研究视野和方法，促进知识的传播与共享。多模态知识聚合通过资源层、数据层、知识层、价值层的转化，运用数据提取、数据融合、本体建模、自动标引、语义标注、关联聚类等数据处理方法，完成资源—数据—知识—服务的升华，如图3-14所示。

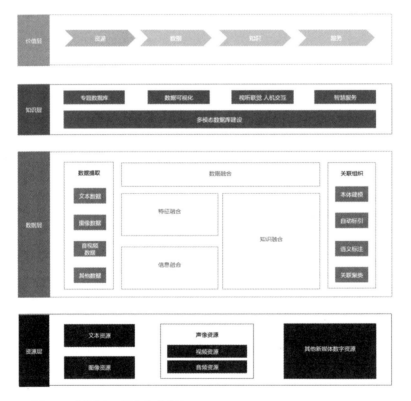

* 图3-14 多模态知识聚合实现路径

其中，资源层旨在明确项目应收集、整理和存储的资源类型；数据层旨在将收集到的资源通过数据提取、数据融合、关联组织等方法转换为可以进行知识聚合与开发的数据基础；知识层在多模态数据库建设的基础上，进一步以专题数据库、可视化、可交互、可获得的呈现与服务方式升华并展现知识的价值；而价值层则明确了多模态知识聚合由资源收集到数据提取再到知识组织，最终实现智慧服务的最终目的。

五、本章小结

本章重点介绍了数字人文研究中常用的技术方法，并根据研究对象的类型分为文本、图像、空间和多模态4个维度进行阐述。这些技术方法涵盖了文本挖掘、文本分类、文本聚类、文本信息抽取、文本情感分析、图像处理、空间处理以及多模态融合等多个方面，为数字人文研究提供了强大的工具和手段。此外，本章详细介绍每种技术方法的基本原理、应用场景和具体实现方法，并结合实例进行分析，以期能帮助读者在数字人文的具体研究与实践中更好地理解和应用这些技术方法。通过对这些技术方法的归纳与总结，本书发现了数字人文相关技术方法发展的几点共性，为后续数字人文相关技术的研究与实践提供启示与参考。

第一，数据驱动是数字人文研究的核心。在当前的信息背景下，数字人文的研究与实践越发强调利用大数据、人工智能等技术手段，对人文数据进行深度挖掘和分析，揭示人文现象背后的规律和模式。第二，多模态融合是数字人文研究的重要趋势。将文本、图像、音频、视频等多模态数据融合在一起，可以更全面地理解和分析人文现象，为数字人文研究提供新的视角和方法。第三，伴随着语义网、云计算、大数据、人工智能、虚拟现实、增强现实等虚拟仿真技术的发展，可视化成为数字人文研究的重要呈现手段。将数据以图形或图像的形式呈现出来，可以帮助研究者更直观地理解和分析数据，揭示数据背后的规律和模式，同时也能将数字人文的研究成果更好地以大众喜闻乐见的形式进行推广与传播。第四，跨学科合作是数字人文研究的关键，也是推动数字人文技术方法不断创新的动力。数字人文研究需要计算机科学、信息科学、统计学等学科的知识和技术，以及人文学科的理论和方法。跨学科合作与融合是数字人文研究取得成功的关键。

在信息技术的支撑下，未来数字人文的技术方法以及相关应用将呈现出以下的特点：

第一，人工智能的深度融合。大语言模型、机器学习、深度学习等人工智能技术将更深入地应用于数字人文研究，实现文本分析、知识图谱构建、智能问答等功能的自动化和智能化。第二，沉浸式交互的全面普及。虚拟现实、增强现实技术和元宇宙等新兴技术手段将为数字人文研究提供更加沉浸式和交互式的体验，例如，构建历史场景的虚拟还原、文化遗产的数字化展示等。第三，数据治理的进一步强化。区块链等技术将为数字人文研究提供更加安全、可靠和可追溯的数据管理方式，例如，构建可信的数字档案、确保学术资源的版权保护等。第四，文化认同与价值引导的进一步加强。数字人文研究将更加关注文化认同、价值引导等问题，尤其在中国式现代化背景下，数字人文学者应通过建设更多具有中国特色的数字人文项目，推动数字人文本土化发展与可持续发展，进一步扩大中国数字人文研究与实践在国际舞台上的影响力。

第四章

数字人文项目案例分析

伴随着数字科学和信息网络技术的发展以及全球的研究支持，国内外人文社科数据资源建设蓬勃发展，随之产生了很多经典案例及成果。综合考虑数字人文实践的历史流变、内涵属性、发展现状和研究热度，本章将选取文学、文化遗产、史学、艺术4大领域的重点数字人文项目进行案例分析。每个领域所选取的研究对象均为国内外有代表性和影响力的实践项目；同时考虑到研究的方便性和准确性，主要选择有公开网址可供访问的语料库、数据库及相应的工具、平台，以我国为主，辅以国外项目参照分析。

一、文学研究领域的数字人文

（一）文学研究与数字人文

早期的数字人文发端于文学和语言学领域，根据苏珊·霍基在其主编的《数字人文指南》中的观点，意大利罗伯特·布萨在1949年尝试利用电脑进行拉丁文文本语料处理和索引编制，这被普遍认为数字人文实践的最早尝试，该项目历时30年，产生了丰硕的成果。

接续此发端，借助计算机的研究方法在后续语言学发展过程中逐渐壮大，从而成为一个独立分支——语料库语言学，它又逐渐发展成为一种为文学研究服务的工具，比如，利用语料库技术进行文体分析和作品作者溯源等，因而文学领域的数字人文发展应用与语言学领域的实践一脉相承。文学领域的数字人文实践开始并主要表现为文本的数字化以及基础语料数据库的搭建，进而展开量化统计分析，进一步发展出文学领域的

"大数据分析"[1]及文本"远读"[2]。例如，在1980年首届国际《红楼梦》研讨会上，美国威斯康星大学的陈炳藻发表了《从词汇上的统计论〈红楼梦〉作者的问题》一文，他首次借助计算机进行了《红楼梦》研究，得出120回均系曹雪芹所作的结论，轰动了国际红学界。又如，芝加哥大学文本光学实验室借助跨语言、跨学科的数字化项目，同上海图书馆合作，建成集大型期刊语料库平台与文本分析研究工具于一体的"民国时期期刊语料库：1918—1949"。平台通过对民国时期部分期刊进行元数据收集、主题标引及文本光学字符识别，不仅让全世界的研究者能够借助此平台对民国时期各类写作倾向、思想观念及文化范型的发展特征形成阶段性或宏观上的认识，还为更长时段、大历史、跨地区的世界文学研究奠定基础。目前平台已绘制出世界范围内现代主义诗歌跨太平洋传播的"路径图"；同时，借助该平台最基本的语义检索功能，配合文献和文本的细读考辨，用户可以进一步发掘和辨析像刘半农这样的诗人，研究他们在"散文诗"这一类"新文体"的译介、创生过程中发挥的文化功能，继而从文学生产的角度来确证"文体问题"和现代语言、文化变革间的深层关联。

从以上案例分析可以看出，文学领域的数字人文不仅关注文学作品批评，还包含文学数字资源构建、文本知识标注、文本知识挖掘、文本内容分析等围绕文本研究的诸多方面。当然，数字人文实践并没有改变传统文学研究的本质。研究者会把一

1.金雯,李绳."大数据"分析与文学研究[J].中国图书评论,2014(4).
2.戴安德,姜文涛,赵薇.数字人文作为一种方法:西方研究现状及展望[J].山东社会科学,2016(11).

个看似简单的语言形式问题放在更广阔、复杂的文学规约和文学实践背景中考察，并不断加以历史化、结构化的审视。更加精准的量化分析手段及文本知识挖掘推动了文学研究材料的多元化、解释框架的开放性、研究结果的可测性、文学性分析的说服力。不过，研究者本身的思维方式和问题意识仍是文学领域中数据分析得以展开的重要导向，文学作品字面义之外的引申义、隐喻义、作者写作意图等，仍需人工赋予内涵解释，而这些是"文学"之所以为"文学"的关键因素。

（二）文学领域的数字人文案例举要

1.唐宋文学编年地图

开发团队：中南民族大学

项目类型：系统建设、平台与工具

应用场景：致力于解决中国古代文学研究中长期存在的不同类型资料离散和作家创作时空分离两大难题。平台首次提出并用数字手段践行"系地"概念，将"系地"与"编年"并重，融时间、地点、人物、事件、作品于一体，将唐宋两代作家的编年事迹和编年作品转化为关系型结构化数据，同时呈现作家活动的时间演变和空间地理信息，这不仅从时间维度展现中国文学的发展进程，也从空间维度呈现中国文学的地域特征，力图实现文学信息的时空一体化呈现。平台不仅"时地并重"而且可以连续性而非间断性、线性而非点状地呈现所录作家一生的活动，既可呈现个体作家的活动行迹，也能全景化呈现文坛生态、作家活动图景，力求客观还原文学发生的历史过程和历史场景。

数据基础：唐宋文学编年地图平台的基础数据，来源各类唐宋作家年谱和编年笺注的别集、唐宋时期文学编年史和有关唐宋作家作品编年考订的论文，截至 2020 年平台收录了 400 位作家编年系地数据。在挖掘提取数据时，团队不仅将传统文献中的文字材料转化为计算机可识别的数据信息，还根据平台建设需要增补了来源文献缺失的信息，并订正其讹误。年谱增补方面主要增补了 4 个方面的系地信息：谱主任职地信息、经行地信息、出生地信息、创作地信息。在对各类年谱、别集或总集的订正方面，主要订正了来源文献本身的错误，包括作品编年系的错误和某些错误说法等，遇到两种或多种相左的观点，就综合考量作家的行踪和交游者的相关活动，取较切近情实的一说录入数据库，而其他不同的看法则在备注栏中加以说明，供读者、用户自行参考。

　　系统和技术概要：平台以历史地图为界面，包含时间、地点、人物（作家）（图4-1）、事件（活动和创作）、作品5大要素，可以实现浏览检索、关联生成、数据统计、时空定位和可视化呈现等，同时链接类书、词汇、韵典查询等辅助功能。

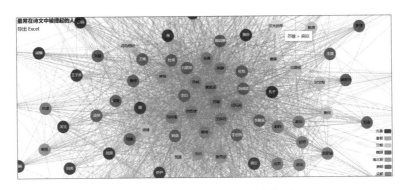

＊ 图4-1　平台生成的诗文中常被提及的人物及人物关系图[1]

---

1. 书中出现的平台或系统演示图、展示图、界面图等仅作展示需要。

平台建设整体上经过了数据建模、数据转化、数据关联和呈现3个阶段。围绕时、地、人、事、文这5大要素设计数据模板，使各要素成为关系型结构化数据库；根据数据模板，挖掘提取文献资料中的时间、地点、人物、事件和作品等有效信息，转化为计算机系统可以识别、关联和统计的数据（这一过程主要运用了知识图谱的相关技术；数据转化过程中需要挖掘提取大量芜杂信息，确保数据来源的可靠性和优质性；鉴于来源文献著述的体例多有不同，数据录入转化时还需补缺、正误和标引数据）；平台结合地理信息系统技术及软件编程技术，通过编年和系地两个属性，开发成关系型结构化数据库；数据关联融合后，文学编年地图平台再利用可视化技术呈现一时一地一个作家一生的行迹或不同时间多个地方多位作家的活动行迹。

2.“搜韵网”诗歌智能系统

开发团队：陈逸云团队开发，广州搜韵文化发展有限公司运营

项目类型：平台与工具、数字资源建设、系统建设

应用场景：声律是诗歌区别于其他文学体裁的显著特征，但由于传统声韵与现代汉语语音差别较大且使用频率不高，传统诗歌中的声韵给当代诗歌阅读者，尤其是古典诗歌学习者、创作者造成了极大障碍。搜韵网利用数字技术将诗库和词汇库声律化，极大地方便了一般诗歌阅读者和创作者学习、检索、使用、校验各诗歌体裁的声韵。网站的另一大亮点是古籍检索功能，它是一个集电子书下载、在线阅览、图文转换、原文笺注的综合古籍库，大大降低了一般读者阅读古籍的门槛。

　　数据基础：截至2024年，搜韵网共收录约95万首古今诗词，其中近现代及之前的诗词约83万首。网站古籍库中收录传统的经、史、子、集4类古籍文献，包括历代诗词评论、韵典、类书集成等共10475种（"集"部见图4-2）。其中，格律类书籍包括《钦定词谱》《钦定曲谱》《元人小令格律》等清朝御定版本；韵书包括《佩文韵府》《词林正韵》《中原音韵》等具有典范性的音韵典籍，3部韵书均未收录的汉字则用诗词库中的诗例以及《康熙字典》进行增订。另外，网站还收录了5754种佛道类文献。

书库 16222 ＞ 集部 4428

经　史　子　集　佛　道

总集类 281　　戏剧类 49　　别集类 3494　　诗文评类 315　　词类 114　　曲类 50　　词曲类 82　　诏令奏议类 10　　楚辞类 22　　现代诗类 10　　杂家类 1　　共 4428 本

＊图4-2　"搜韵网"对"集"部的收录与分类

　　系统和技术概要：在声韵检索方面，网站提供《平水韵》《词林正韵》《中原音韵》《中华通韵》中的韵部检索功能；利用"对仗词汇"功能可以为对仗词汇提供备选语料库；网站还可以查询常用词谱、曲谱，并对各类诗词进行音韵校验，包括拗体、拗救查询。在古籍检索方面，网站提供绝大部分古籍的影印本下载服务，并进行文影对照阅览（图4-3）；系统根据自己的语料库，对文章进行了自动分词及重点词语解析（图4-4）。搜韵古籍库还可以提供"年历分布情况"，读者进入功能板块直接点击年份，便可以找出某部文献与这个年份相关的所有内容，如图4-5所示。

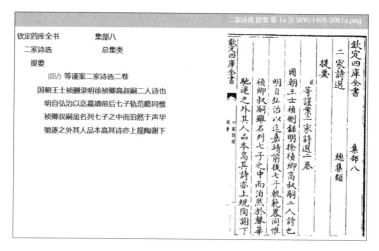

* 图4-3　网站呈现的图文对照阅读界面

* 图4-4　网站自动生成的对古籍原文的注释（图中显示的是"秦伯"一词的注释）

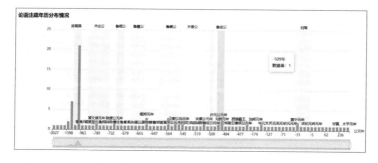

* 图4-5　网站生成的《论语注疏》年历分布情况

网站的声律智能化，主要包括韵表的数字化与格律的程序化两部分。系统通过声律智能化技术，获得搜韵网诗库中每一首诗作的用韵和每一句诗句的平仄句式等信息，形成千万数据级的声律化诗作数据库，这是网站实现"搜韵"和校验声律的基础；基于律诗中间各联需要对仗的格律要求，系统又从作品库中提取百万数据级的对仗词汇库，再将声律智能化技术应用于搜韵网词汇库的数据，便可得到大量的声律化词汇。把上述资源以声律为纽带集成在一起，将作品每句按平仄句式分类索引，则可为诗词平仄句式研究提供庞大的数据支持；根据整首用韵和格律约束特征，则可协助辨别多音字在各个词汇或人名中的读音；根据作品创作时间，又可考查某一词汇在各个历史时期的读音演变；根据押韵及诗词格律约束，可辅助诗词编辑校正讹误；结合声律智能化技术和声律化的诗例词例数据库，又可开发出诸如用韵、遣词造句、对仗建议、格律校验和修改建议等各种辅助诗词创作功能。[1]为包括格律和用韵在内的诗歌属性的各领域构建本体知识库是展开以上分析的基础，在分类技术上，借助字典树算法，根据已建立的词汇库，对文本进行分词，再借助朴素贝叶斯和决策树技术，确定各类数据。

3."文都时空"文学大数据可视化平台

开发团队：南京大学、清华大学和南京艺术学院的研究者和学生

项目类型：平台与工具

应用场景：南京蕴藏历朝历代丰厚的文学资源，于2019

1.陈逸云.声律智能化在辨音、校雠和辅助创作上的应用——以"搜韵网"为例[J].数字人文,2023(1).

年10月31日正式加入联合国教育、科学及文化组织创办的全球创意城市网络，被授予"文学之都"称号，成为唯一获得该称号的中国城市，从文学切入并带动整个城市的文化网络有很强的可行性；南京城内文学的诸多意象和符号散落、潜藏在南京城的物质空间和历史遗迹中，为文学与现实城市空间的结合奠定了基础；同时，其分布又具有碎片化的倾向，这对整个城市文脉的整体把握和贯通理解造成了障碍。"文都时空"系统通过数字技术、路线策划、交互锚点等建立"城市场所网络"，在此基础上连接出一座"云上的文学之都"。

数据基础："文都时空"是第一个以南京文学为主题的数据库及可视化平台，收录了1600余万字的文学及历史文献资料，包括文学文本、图像、影音、地图等在内的多媒体数据。截至2024年，平台利用海量文献整理、编纂了南京文学地名（3735个）、文学人物（2652位）、文学作品（4126部/篇）、文学事件（4545个）等词条，构建了南京文学人物、文学作品、文学事件和文学地名在内的南京文学知识图谱。

系统和技术概要：该平台将"远读"与"细读"结合，利用历史地理信息系统、大数据分析、知识图谱和数据可视化等技术、方法，对南京文学、历史、文化的相关内容进行了数字化、数据化、智慧化和时空化。"文都时空"的具体应用可以分为前端交互平台和后台数据管理系统两部分。前端交互平台包括6大板块：①在文都图谱中可以快速发现文学人物、作品、事件和南京历朝历代重要地名之间的相互关系，并链接到相关的百科词条。②文都宇宙以三维空间的展示方式呈现历史时间、空间等数以千计的文学各要素间的相互关系。③文学地图打造了一个历史地理信息平台，大数据平台中的点位数据按照南京历史脉络的时间和建筑地点的空间变迁为基本逻辑并进行关联性排布，以交互地图的形式展现南京文化地理信息的变迁，由此建立文学要素与地点的关联。④文学推荐基于历史文献与文学百科的关联数据，运用项目提出的历史影响度计算方法，结合文本、人物、事件、地点的相关时间、节令等特征进行筛选和每日推荐。⑤文学百科融合文学大数据、人工智能算法、自然语言处理算法和专家知识等多维度南京文学百科网络，与知识图谱、文都宇宙和文学地图相关联，收录了南京文学人物、文学作品、文学事件和文学地名的相关百科信息。⑥文学小路是在参考文学文本与历史时空数据系统的基础上，结合真实城市行走体验，得出最适宜探访漫游的文学主题路线，包括"玄武湖雅集会友""六朝十里探幽"等10条文学小路。后台数据管理系统包括资源存储及管理、规范数据管理、本体管理、内容管理和地理时空数据管理模块，可以为平台提供便捷、系统、可持续的数据管理。

4. 英语隐喻地图（Mapping Metaphor with the Historical Thesaurus）

开发团队：英国格拉斯哥大学批判研究学院

项目类型：平台与工具

应用场景：该项目是迄今为止全球第一个对世界上所有语言中的隐喻进行系统全面分析的研究项目，它从英语历史记录中的所有隐喻出发，对各隐喻出现和演变过程进行了完整呈现。目前，团队研究发现了超过14000种隐喻联系，其中一些出现在古英语时期的早期阶段。这些联系由数以万计的词汇进行了实例化呈现并被绘制成了相互关联的隐喻图。

数据基础：项目基于《英语历史词库》（*Historical Thesaurus of English*）的近8万个词形和约2万个语义类别，涵盖从古英语至今的英语语言。每一个隐喻"示例"都可链接至电子版《牛津英语词典》。

系统和技术概要：系统以1066年诺曼征服为界，分为两个部分——由此感受该事件给英语带来的巨大变化：用户可以通过网页上的"英语隐喻图"（Metaphor Map of English）界面对中古英语时期直至当下的英语隐喻进行搜索，也可以通过"古英语隐喻图"（Metaphor Map of Old English）对之前的英语进行同步搜索。

项目开发主要采用数据驱动法，对英语历史上所有词汇的所有意义进行电子分析，以识别不同语义类别中相同词形的出现情况；随后对每对类别中的词形（约16万对）进行人工分析，将隐喻与同义词和非隐喻多义词等其他语言现象区分开来。具体流程如下：团队将《英语历史词库》划分为415个不同的语义领域（如光、恐惧、武器和盔甲等），并将其归类为与《英语历史词库》第二级层次（如物质、情感、武装敌对等）和3个最高级分组（外部世界、精神世界和社会世界）相对应的37个经验领域；将415个类别相互映射——一个类别（"起始类别"）中的所有词汇项目均会与其他类别进行关联计算检查，根据不同类别间存在隐喻联系的词汇数量会将类别间的隐喻联系标记为"强"或"弱"；一旦"起始类别"中的所有重叠词汇在其他各类别中被识别出来，就会由"映射隐喻"小组中的一名成员进行人工分析，着重注意剔除同义词和非隐喻多义词；最后根据积累的编码、编码员的标记以及从《英语历史词库》中具体词义中找出隐喻联系的证据，确定最终编码（如果不能在两个类别之间的重叠词中找到隐喻转移的具体证据，那么这一联系就不能被视为"隐喻"）。

二、文化遗产领域的数字人文

（一）文化遗产领域的数字人文实践进程

文化遗产是各个民族优秀传统文化的关键组成部分，集中呈现了一个国家、民族或群体独有的文化特征。数字技术的快速发展为文化遗产创新保护提供了新手段，也为传统人文学者利用文化遗产数据资源展开研究提供了新的应用场景。文化遗产领域的数字人文在发展过程中进行了很多实践。20世纪七十年代末，联机计算机图书中心（Online Computer Library Center，OCLC）和研究图书馆信息网络（Research Libraries Information Network，RLIN）先后建立的图书数据库，可以说是文化遗产相关机构通过摄影、录像、临摹等数字媒体技术手段尝试记录文化遗产相关信息的最早尝试。[1]20世纪八九十年代，文化遗产领域最早出现的数字化项目是1984年由华盛顿国家档案和记录管理局发起的"光学数字图像存储系统"，旨在测试数字图像和光盘技术在复制、存储和检索档案文件方面的效用；1992年，联合国教育、科学及文化组织启动了"世界记忆"工程，尝试运用现代信息技术推动世界范围内文化遗产资源的保存与传播；1994年，美国发起数字图书馆项目，并于次年启动"美国记忆"项目；1995年，7国图书馆共同参与组建

1.陈晓皎,苗甜,等.文化遗产数字化保护及可视化[J].包装工程,2022,43(20).

G7全球数字图书馆集团；1996年，我国启动国家数字图书馆工程，开启文化资源的数字化进程。

随着数字化手段的不断更新换代，文化遗产数字化保护进入三维时代。斯坦福大学和华盛顿大学在1998—1999年将米开朗基罗的雕塑和建筑数字化。1998年，希腊文化遗产机构希腊世界基金会成立"虚拟现实部"，用户可以在米利图斯古城的虚拟现实场景中穿行并进行互动。进入21世纪，谷歌和微软等商业信息提供者进一步推动了文化遗产的数字化进程，它们运用三维扫描技术和摄影测量技术构建的三维建模和虚拟博物馆，成为21世纪初期文化遗产数字化保护领域的热点。2007年，"罗马重生"运用数字技术虚拟重建了公元320年的罗马古城。2009年，我国启动"数字圆明园"项目，利用数字技术复原圆明园完整景象。

近10年，文化遗产数字化网站越来越趋于完善，同时更多先进的技术被应用其中。中国国家图书馆于2011年起正式对外推出《故宫珍藏》系列展览。2012年，谷歌艺术计划采用三维扫描方式，让世界各国网友可以在线鉴赏世界各国著名博物馆中的超千件艺术品。2017年，秦始皇帝陵博物院与百度合作启动"200亿像素360度全景兵马俑坑展示"等项目，将兵马俑超高清地呈现在观众面前。2019年，欧盟委员会提出了时间机器项目，利用人工智能的分析能力深入研究欧洲的历史和遗产。2022年，《清明上河图》真迹沉浸特展应用增强现实和虚拟现实全息投影等新的高精科技手段和互动装置，给观者以沉浸感受。由上可见，文化遗产数字化逐步从利用网络通信技术进行网络共享的阶段转为综合运用各类技术实现移动交互的阶段。

在实践过程中，文化遗产领域逐渐制定出了一系列较为成熟的通用型数据标准。例如，艺术作品描述类目、艺术和建筑词表、文化遗产信息管理的概念参考模型以及国际图像互操作框架等，参照或复用以上成熟的数据标准和模型，进行文化遗产数据资源的语义描述，成为各类文化遗产数据建设的前提，也是实现其管理与利用的关键。

（二）文化遗产领域的数字人文案例举要

1. 数字敦煌

开发团队：敦煌研究院、中国科学院计算机研究所、西北大学、武汉大学、浙江大学、芝加哥大学、哈佛大学等众多国内外知名高校和研究机构

项目类型：多媒体及虚拟情景展示与服务的数字人文传播平台

应用场景：该项目是一项以保护敦煌文化遗产为核心的虚拟工程。自然和人为因素使敦煌石窟一直面临着保护问题，尤其在1987年12月莫高窟申遗成功后，激增的游客量加速了莫高窟的氧化脱落。在此背景下，项目组决定通过运用数字化扫描、虚拟现实技术重构等数字人文技术对处于危险状态的石窟进行数字化采集、加工和储存，建立多元化和智能化的石窟数字资源库、数字资产管理系统和数字资源永久存储系统，搭建虚拟现实展示空间。

数据基础：敦煌文化遗产数字信息资源包括石窟、彩塑、壁画、研究手稿、历史照片等原生或非原生资源以及针对以上资源的数字资源，涉及文本、图像、音视频、二维数据与三维

模型等，并以非结构化文本和视觉资源为主；同时涵盖了专著、论文、报纸等有关敦煌研究的文献资源，内容涉及宗教、历史、考古、艺术等多方面主题。[1]截至2023年年底，敦煌研究院文物数字化保护团队完成了敦煌石窟295个洞窟的壁画数字化采集，5万张历史档案底片的数字化扫描工作，构成海量的数字化成果。

系统和技术概要："数字敦煌"主体包括虚拟现实、增强现实和交互现实3大类型。网站可根据洞窟、朝代、特征等关键词进行检索和定位。网站中的每个石窟页面包括高清图像、洞窟简介等基本信息（图4-6），同时提供360度全景漫游（图4-7）。此外，"数字敦煌"通过虚拟现实与增强现实技术、高清扫描、三维全景建模、地图绘制等技术手段，获取、生成莫高窟彩塑的高精度三维全息信息，最终利用三维打印技术制作等比例彩塑的复制品，以用于考古研究与展览展示。

经过30多年的努力，团队目前已经形成了一整套适合石窟不可移动特点的文物数字化技术规范体系，比如，针对敦煌石窟壁画的特点，摄影采集精度已提升至300dpi[2]的采集标准。[3]针对"数字敦煌"资源库展示数字资源多样、展示壁画数字化成果数据精度高容量大两大特点，"数字敦煌"资源库采用了分层架构设计，[4]由此解决超大容量的图像在互联网和移动互联网上自适应展示这一难点。

1.樊锦诗，李国，杨富学.中国敦煌学论著总目[M].兰州：甘肃人民出版社,2010.

2.dpi, Dot Per Inch, 即每英寸点数，量度单位，用于衡量图像打印或显示质量。

3.吴健.多元异构的数字文化——敦煌石窟数字文化呈现与展示[J].敦煌研究，2016(1).

4.俞天秀,吴健，赵良，等."数字敦煌"资源库架构设计与实现[J].敦煌研究,2020(2).

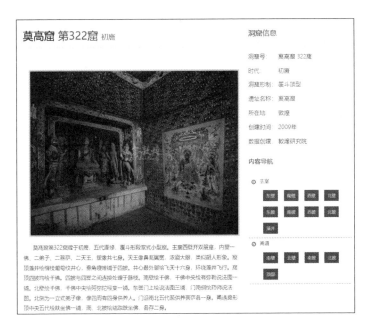

* 图4-6　莫高窟第322窟的介绍页面

* 图4-7　第322窟全景漫游

网站资源被区分为用户多次访问而不发生任何变化的静态资源与用户多次访问会发生变化的动态资源，并将这两种资源分离存储：静态资源被存储在两台独立的服务器上，启用ngnix高性能的http服务，具有独立的二级域，浏览器与数据服务器之间还增加了Squid反向代理服务器；动态资源则被存储在数据库中，用户访问动态资源时，采用了ngnix作为反向代理服务器，同时增加了MemCache分布式缓存服务器。为实现资源库的各类功能，团队还采取了高精度图像分层细化，利用可扩展标记语言，综合考虑空间、方位和独立实体，循序渐进建立洞窟空间结构，如图4-8所示。

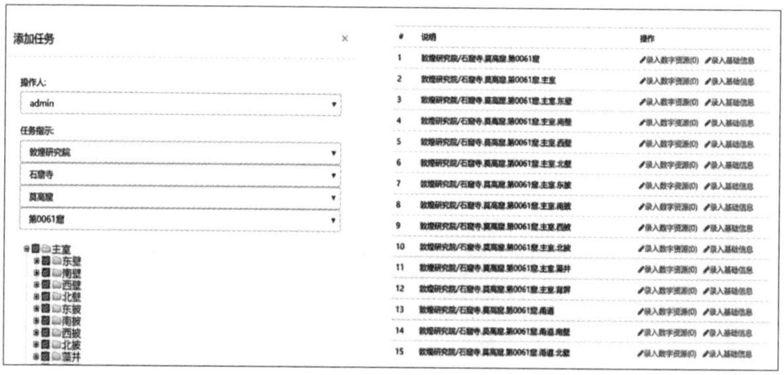

＊ 图4-8　洞窟空间结构构建与信息编辑

2. 中文古籍联合目录及循证平台

开发团队：上海图书馆

项目类型：数字资源建设、平台与工具

应用场景：传统的古籍循证过程是学者通过在各类古籍中收集、筛选、比对证据，进而构建证据间的逻辑关系。这一过程

往往工作量巨大，非常消耗时间和人力，而利用数字技术，古籍循证过程可以更多地依靠自动化的数据挖掘和推理来揭示各种证据间的逻辑关系，并将这些逻辑关系直观地表现出来。中文古籍联合目录及循证平台是一个具有古籍循证功能的联合目录平台，不仅能帮助研究者进行长时间范围内的大规模古籍资料收集，包括版本、刻工、藏印、版式、避讳字等古籍知识，还可以提供各种研究工具以支持大规模数字化古籍文献资料的遴选、聚类、统计、分析、数据挖掘、知识推理等，如图4-9所示。

★ 图4-9　平台检索出的某典籍联合目录

　　数据基础：目前，平台收录有1400余家机构的古籍馆藏目录，其中上海图书馆的古籍馆藏、加州大学伯克利分校东亚图书馆的中文善本馆藏、哈佛大学燕京图书馆的中文善本馆藏、澳门大学图书馆的中文古籍馆藏，可供用户在线访问，部分支持扫描影像全文。此外，平台还融合了一些在历史上有一定影响的官修目录、史志目录、藏书楼目录、私家目录和版本目录等，辅之以人名、地名、印章、避讳字、刻工等额外规范数据。

　　系统和技术概要：平台提供不同类型的目录检索功能，搜索页面除有详细列表外，古籍的联合目录还按照馆藏机构、版本类型、版本时间、责任者、批校题跋者分别进行了分类统计。列表中的每条书目记录可通过链接查询到更多版本，并且据此可生成详细的"版本对比"列表（图4-10）。同一作品不同版本的聚类、同一作品不同注释的聚类、同一作品不同分类的聚类、不同责任方式的责任者与文献的关系统计分析、责任者合作关系统计分析都可以被呈现，由此帮助访问者展开"循证研究"。网站还具有"地图浏览"功能，部分古籍可进行全文浏览。

| 版本对比 | | | | | | | | | | | | | | | |
标题	责任者及责任方式	版本	版本时间	尺寸	象鼻	鱼尾	板框	行字	册数	附註	藏印	藏地	索书号	全文	来源
绣像红楼梦	(清)曹雪芹 著 (清)高鹗 著		2011						10册	10册		澳门大学图书馆	b32639661		澳门大学图书馆
红楼梦八卷八十回	(清)曹霑 撰	清上海有正书局石印本	清						1册	1册		河南大学图书馆	813.58/V.275/1-2		古籍普查目录
红楼梦	(清)曹霑 撰 ()佚名 批校	清乾隆五十四年(1789)京师虎林舒元炜抄本	清乾隆五十四年(1789)						10册	16册		首都图书馆	(己)/634		古籍普查目录
红楼梦一百二十卷	(清)王希廉 评 (清)曹雪芹 著	清光绪三年(1877)上洋刻本	清光绪三年(1877)						22册	22册		贵州省图书馆	7389		古籍普查目录
红楼梦八卷八十回	(清)曹霑 撰	清上海有正书局石印本	清						8册	6册		河南大学图书馆	813.58/V.275/1-1		古籍普查目录

＊ 图4-10　平台生成的某典籍部分版本对比信息

为更好地服务循证实践，团队设计了专属于中文古籍书目框架的模型："作品—版本—单件"＋"注释"＋"分类"。其中"作品"由题名和著者/主要责任者决定；"版本"为同一古籍作品的不同物理表现形式，主要由版刻时间和版本类型决定；"单件"是某一版本的不同复本，包括索书号、全文扫描图像或全文文本的统一资源定位系统等信息；"注释"则是关于作品、版本和单件的各种解释性信息，一般来源于某部古籍目录、论文专著乃至用户的评论等；"分类"是"版本"和"注释"在某一分类体系中的具体类目，这种分类体系多数来源于某一古籍目录或某个机构的古籍数据库。以上这一模型能很好地适应当代联合目录的内容结构，而对于古代目录，团队进一步将其分为3种类型——无解题式、解题式和辑录式——"解题式"作为与作品相关联的"注释"来处理，其他则处理为版本的内容属性。[1]

3. 威尼斯时光机（Venice Time Machine）

开发团队：瑞士洛桑联邦理工学院和威尼斯卡福斯卡里大学为主体，团队成员来自世界各地的顶级高校与研究团队

项目类型：数字资源建设（文化遗产数字档案馆）、大型开放数据库

应用场景：项目旨在利用数字化的手段，建立一个涵盖威尼斯一千多年的历史文化遗产开放数字档案馆，再现威尼斯的历史与文化。该项目对存储在威尼斯国家档案馆的大量文献档案进行扫描和数字化，将威尼斯千年来的历史变迁以动态数字

1.夏翠娟,林海青,刘炜.面向循证实践的中文古籍数据模型研究与设计[J].中国图书馆学报,2017,43(6).

形式呈现，建立了一个大型的开放数据库，实现了档案文件的全球网络访问，不仅为公众提供了一种新的历史学习和研究的方法，还实现了对文化遗产数字化的长期保存。

数据基础：平台利用威尼斯国家档案馆内保存的一千多年来的海量历史文献档案资料。文档记录的内容涵盖面十分广，包括个人的出生、死亡记录、遗嘱设立、运河改造、建筑设计与城市规划、国家公约设立以及政治发展变迁等。档案记录语言多样，其中有很多信息是用托斯卡纳语、拉丁语以及威尼斯地区方言等记录下来的。

系统和技术概要：以数字资源管理过程为视角，威尼斯时光机项目的技术可划分为数字化技术（数字化扫描技术）、数字化预处理技术（文本识别与自动读取技术）、数字资源序化技术（资源组织与关联技术）及数字化服务技术（云服务技术）。[1]

在数字化扫描方面，威尼斯时光机项目与行业顶尖企业合作，通过引入半自动化扫描机器人加快扫描进程；为了保护古老文献的完整性，团队利用断层扫描仪，在不翻阅文件的情况下完成扫描，减少数字化过程中对古籍的损伤。在文本识别与自动读取方面，由于馆藏中有大量的手写稿，项目成员选择利用机器学习技术来识别整个词的形状，通过对数据样本的学习，不断修正算法，使得算法能够分析书面文字结构，并在相似图形之间建立起关联，找出相同文字在其他手稿中出现的位置（图4-11）；文字识别后，对其进行处理，

1.翟姗姗,张纯,许鑫.文化遗产数字化长期保存策略研究——以"威尼斯时光机"项目为例[J].图书情报工作,2019,63(11).

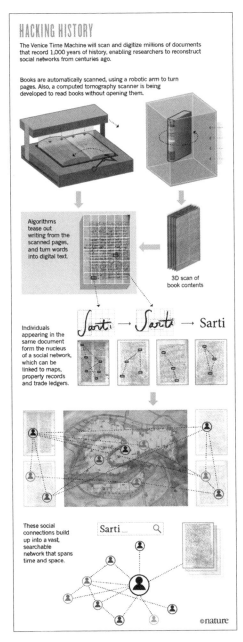

* 图4-11　项目团队在2017年6月科学杂志《自然》上发表了介绍该项目的文章。文中用该图呈现了识别书面文字结构的全过程。

使其组合成完整的语句，最大程度上保证内容的准确性和可靠性。识别出信息后，项目组利用关键词建立起不同类型文档的链接，这种大量数据之间的交叉引用将信息组织成一个巨大的关联数据资源库，这一资源库作为历史地理信息系统的一部分，从时空维度对资源进行展示，而不同文档之间的匹配与关联使得研究者能够重现当时威尼斯的各类社交网络。

该项目正在建设教育中心，为学生提供现场实验、课程教学以及大规模的在线开放课程，让学生直接参与到研究项目之中。此外，依托于威尼斯时光机项目，威尼斯还建立了一个企业孵化器，以加强文化产业的发展，尤其在旅游产业方面，目前已初见成效。

三、史学研究领域的数字人文
（一）史学研究与数字人文

数字人文在史学研究领域的应用不仅强化了传统史学的技术基础，更开拓了全新的研究领域，如"计量史学"和"数字史学"，这些新兴领域拓展了传统史学的边界。王旭东和周兵是我国较早探索这一方向的先行者。王旭东自2006年起便开始探索历史研究的信息化路径，他提出并实践了一系列关于"数字世界史"[1]"计量史学"[2]的理论与方法，对历史研究的数字化转型进行了深入思考。周兵则在2012年提出了"数字史学"的概念，将其定义为"运用数字媒体和工具展开的历史学实践、

1.王旭东.数字世界史:有关前提、范式及适用性的思考[J].安徽大学学报,2006(6).

2.王旭东.20世纪历史学传统嬗变和方法论的计量化[J].甘肃社会科学,2013(5).

演示、分析和研究"。[1]这些新领域的出现，不仅改变了历史数据的处理方式，还促进了史学研究思维和范式的革新，如研究者利用大数据、可视化工具和算法模型来挖掘和呈现历史信息，从而开辟了史学研究的新视野。

历史大数据的引入促进了史学研究方法与社会科学方法的融合，并深化了跨学科研究。香港科技大学康文林教授在其报告《历史大数据开启社会科学新认识：李康研究团队理念》中明确了"历史大数据"的概念，即专为定量分析和可视化设计的高质量结构化数据。这类数据不同于传统的文献检索资料，旨在支持深度的量化分析和直观的视觉表达。康文林教授以香港科技大学李中清、康文林团队主导的"中国多代人口数据库""精英教育"等项目为例，阐述了这一理念的应用。他指出，"历史大数据"由于是对已经发生数据的集中结构化处理，其相对于当代社会科学数据，在长期性、大规模、细节性、可连接性，以及进行国际比较或按地域进行比较的潜力方面更有优势。[2]这些特点使得历史大数据成为跨学科研究的宝贵资源，极大地拓展了社会科学和历史学的研究边界。

质言之，"历史大数据"构建的基础源自史料的大规模文本化与结构化处理，很多史学领域的数字人文实践正是致力于处理海量的非结构化数据。以南京大学历史学院世界史学者王涛的团队为例，他们将《德意志人物志》中记载的两万多个历史人物信息进行了数据结构化处理并整合入库，实现了从数据到

1.周兵.历史学与新媒体:数字史学刍议[J].甘肃社会科学,2013(5).
2.朱本军,聂华.互动与共生:数字人文与史学研究——第二届"北京大学数字人文论坛"综述[J].大学图书馆学报,2017,35(4).

知识的转化。

　　然而，历史数据库的建设远不止于此，它还应提供一个既能反映文本语境，又能支持数据分析和解释的环境。这意味着不仅要基于元数据构建上下文关系，还要能从检索结果和元数据中进行量化统计，识别原始文本间的内在联系，并展示这些联系，以此揭示文献或文本之间的潜在关联，发掘以往未知或不曾关注的史学内容。可见，构建大规模、高质量的结构化史料数据库至关重要，它不仅能减少重复劳动，还能让学者专注于研究本身，而非数据来源的可靠性。

　　当前阶段，数字史学的研究重心仍聚焦于数据库的构建与完善，其中较为成熟的实践主要体现在地理信息系统的应用上，特别是将地理信息系统技术融入历史地理学领域，这标志着传统历史地理研究的革新。通过地理信息系统技术，研究者能收集、管理和分析地球表面的空间地理数据，并将其可视化，它不仅描绘了静态的历史格局，还能生动展现历史事件的动态演进。这有助于研究者发现隐藏信息，揭示地理模式的变化，并验证原始数据的准确性和逻辑性，从而增强研究结论的可靠性。

　　总之，以地理信息系统为核心的综合历史地理信息系统，集成了历史文献管理、信息提取、空间定位、自动化制图、数据库管理和信息检索等功能，极大地提升了历史研究的效率和质量。[1]

1.范毅军,白碧玲,严汉伟.空间信息技术应用于汉学研究的价值与作用[J].汉学研究通讯,2001(2).

（二）史学研究领域的数字人文案例举要

1. 中国历代人物传记数据库

开发团队：北京大学中国古代史研究中心、哈佛大学费正清中国研究中心、台湾中央研究院历史语言研究所

项目类型：关系型数据库

应用场景：中国历代人物传记数据库系统性地收录中国历史上重要人物的传记资料，通过整合官方历史记载、墓志铭等多元资料，重现个体在社会、政治和家族网络中的位置。这不仅为学术研究提供了丰富的资源，也促进了跨时空的人物比较分析，对于理解中国历史中的社会结构、经济变迁和文化传承具有深远的意义。

中国历代人物传记数据库尤其适合群体传记学研究。群体传记学将历史学家的关注点从制度史、事件史和思想观念史引向历史人群。英国历史学家劳伦斯·斯通曾指出，群体传记学就是要通过"对一群历史人物的生平进行综合研究，进而发掘出他们共同的背景特征"。[1]群体传记学提供了一套独特的分析架构和方法论，将对个体历史行动者的细致考察与宏观层面上对政治、社会、文化结构及其嬗变过程的分析有机地结合了起来。

对于从事群体传记学和网络分析的学者而言，对海量信息的搜罗、比对极具难度，而中国历代人物传记数据库有着将分散的历史记录加以整合的强大能力。中国历代人物传记数据库通过使用计算机技术进行数据收集与管理，以便学者对人物、

1.包弼德,王宏苏,傅君劢,等."中国历代人物传记资料库"(CBDB)的历史、方法与未来[J].数字人文研究,2021,1(1).

人群、地域、职官等多方面数据进行交叉分析。数据库为用户提供10大查询方式，包括人名、地名、职官、入仕、社会关系等，可满足用户简单问题检索和复杂问题多重检索，查询结果的数据呈结构化展示。利用这一数据库，学者可以进行数据可视化并开展统计分析、网络分析以及空间分析，揭示出特定历史人物之间史料鲜有提及的互相关系。以北宋仁宗年间的两位宰执官——欧阳修和庞籍为例，此二人的关系其实颇为密切：欧阳修的长媳和庞籍的次媳都是吴待问的孙女，为堂姊妹。不过这层亲属关系鲜有史料提及，历史学家只能通过将数篇墓志铭中的只言片语拼凑起来才能发现这层关系（图4-12）。当这些资料被录入数据库之后，中国历代人物传记数据库只需几秒钟就能发现这层关系以及欧阳修的数百个血亲姻亲。[1]

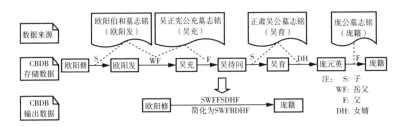

* 图4-12　中国历代人物传记数据库挖掘出的欧阳修、庞籍间的亲属关系[2]

数据基础：截至2024年2月，该资料库共收录535181人的传记资料，这些人物主要来自7世纪至19世纪。中国历代人

1.包弼德,王宏苏,傅君劢,等."中国历代人物传记资料库"(CBDB)的历史、方法与未来[J].数字人文研究,2021,1(1).
2.包弼德,王宏苏,傅君劢,等."中国历代人物传记资料库"(CBDB)的历史、方法与未来[J].数字人文研究,2021,1(1).

物传记数据库的数据来源于包含大量的、集中的人物生平信息的历史文献，例如，传记资料索引、正史列传、墓志铭、地方志等综合性的传记资料；文学作品中涉及人物生平和关系往来的内容，例如祭文、序、记、书信等以及官方文书中的年表、会要等人物资料。

系统和技术概要：中国历代人物传记数据库通过利用丰富的历史文献提取中国历史人物的生平信息，采用自然语言处理技术进行自动化数据收集。项目通过人工标注部分数据以训练机器学习模型，使用正则表达式辅助标注流程，并利用预训练模型，如 BERT 将文本向量化；应用 Bi-LSTM-CRF 模型结合 BERT 的词向量进行序列标注，并捕捉文本的上下文信息，在句子级别上做出优化决策；经过训练的模型在测试集上取得了良好的性能表现，为后续自动处理大量未标注文献提供了可能。此外，团队还致力于针对不同文献类型训练特定模型，并探索迁移学习、半监督和无监督学习方法，以进一步提高数据收集的效率和准确性。

中国历代人物传记数据库可以实现统计分析、网络分析和空间分析3种分析方法。统计分析通过计算描述性统计量，如均值、中位数和标准差等，概括特定历史人群的特征分布情况。对于更为复杂的问题，研究者可以运用多变量分析，如相关性和回归分析，来探索不同特征之间的相互关系。这些分析通常借助 Excel、社会科学统计软件包或 R 等统计软件进行，并通过绘制图表来直观展现数据分布。网络分析关注的是由不同人物之间的社会联系构成的网络结构，这些联系可以从中国历代人物传记数据库中获取。通过循环搜索特定人物或群体的社会关系，研究者可以构建社会网络，并使用Gephi、UCINET等工具进行可视化和进一步分析，如K-核分析、模块度分析等，评估个体在网络中的地位和影响力。空间分析利用地理信息系统软件将中国历代人物传记数据库中的空间数据投射到地图上，探索历史人物或社会机构的地理位置分布情况。通过结合中国历史地理信息系统提供的历史地理数据，可以创建特定时期的地图，从而揭示历史人物的地域特征和空间分布模式的变化。整体上看，这些分析方法为群体传记学的研究提供了强大的工具，使得学者能够深入探索历史人物的生活模式、社会关系网络及其地理分布特征。

2. 中国历史官员量化数据库（清代）[1]

开发团队：香港科技大学人文社会科学院李中清、康文林研究团队

项目类型：量化数据库

应用场景：它是一个专门为清史研究领域设计的量化数据库。它不仅为历史学者提供了宝贵的资源，也满足了社会科学领域学者对官僚制度和组织机构研究的需求。该数据库特别适合清代官员的群体传记学研究，为学术界奠定了深入探讨和分析的坚实基础。

该数据库的建立为进一步研究清代官员群体的构成差异及其原因提供了重要工具，有助于深化对清代官僚体系的理解。李康团队自身就利用该数据库发现了许多新历史现象，推出了一系列备受关注的学术成果。例如，传统的制度史研究多聚焦

1.原为清代缙绅录量化数据库。

于高级官职，而新数据库使学者能更全面地了解清代官员构成。任玉雪等人的研究表明，旗人在低品级官职中占主导地位，尤其在未入流职位中几乎垄断；在中高级官职中，旗人比例在不同部门间存在显著差异，如刑部旗人比例较低，而礼部较高。[1]再如，康文林的研究表明，在1905年废除科举考试后，已获科名候缺待任者以跟从前相同的速度进入仕途，而已获官职者的流动率则没有受到影响。这一发现挑战了学界关于科举停废阻碍精英抱负施展的观点。[2]

数据基础：中国历史官员量化数据库（清代）由清代按季出版的《缙绅录》中的官员记录构成。《缙绅录》是20世纪以前规模最大、记载最详细的政府官员史料之一，基本涵盖了所有当时任职文官的个人信息，包括出任该官职的人员姓名、籍贯、旗分、任职地、官职、差委名称及加衔等。官职的信息包括从京师六部至地方县一级行政单位的佐杂官员。该数据库的建设以录入清华大学图书馆科技史暨古文研究所影印出版的《清代缙绅录集成》为起点，后续又录入了国家图书馆、上海图书馆以及哈佛燕京图书馆等馆藏版本。同时，该数据库也录入了记录武职官员的名册——《中枢备览》。截至2021年11月，该数据库包含了1760—1912年时段内327618名官员的4433600条任职记录，其中，3843644条为文缙绅记录，589956条为武缙绅记录。

1.任玉雪,陈必佳,郝小雯,等.清代缙绅录量化数据库与官员群体研究[J].清史研究,2016(4).
2.康文林.清末科举停废对士人文官群体的影响——基于微观大数据的宏观新视角[J].社会科学辑刊,2020(4).

系统和技术概要：该数据库区别于人文学科中常见的依赖关键词搜索的史料型数据库。它更类似于社会科学领域的数据库，通过提供数据文件下载功能，允许用户利用多种分析工具进行定量研究。[1] 由于其格式和内容的特点，该数据库能够支持社会科学领域的定量和计算方法，为研究清代官员的传统领域带来新的视角和认知补充。

在宏观层面，该数据库能够用于考察清代某个部衙的人员构成特点在长时段中的变化。在微观层面，该数据库可分析官员的籍贯、选任方式，以及其他因素是如何影响他们的仕途的。通过与其他数据库建立连接，该数据库还能用于分析科考名次、家庭背景和其他因素是如何影响他们的任职和升迁的。此外，该数据库还能在针对特定官员群体的案例分析中，通过定量与传统定性方法向结合的模式发挥作用。

3. 9·11数字档案馆（The September 11 Digital Archive）

开发团队：以纽约市立大学毕业中心的美国社会历史项目团队和乔治梅森大学的历史和新媒体中心两大机构为主

项目类型：数字资源建设（专题型数字档案馆）

应用场景：该项目致力于对9月11日当天及事件造成影响的相关资料进行收集、存储，同时为对外展示、利用、研究提供检索、浏览等功能。因9·11数字档案馆中的资料所有权仍归属其原持有者，因此，为保护持有者的权利，除持有者授权外，数字档案馆对资源使用者仅提供浏览、查看功能。

数据基础：项目向各类机构和市民收集汇总了大量有关

1.陈必佳.再论《缙绅录》记载的准确性及其史料价值[J].清史研究,2019(4).

9·11事件的记录资料，资料大致可分为经历类（Stories）、通信信息类（Emails）、文件类（Documents）、图片类（Images）、数字动画类（Digital Animations）、访谈类（Interviews）、音频/视频类（Audio/Video）7大类。经过数年建设，目前项目拥有超过15万条的数字化内容，包括4万多份电子邮件及其他电子通信类文件，约4万份第一手讲述资料以及超过15000张的数字化照片等。除此以外，项目还拥有特殊馆藏，比如，"世贸大厦遗址——9·11事件之后来自唐人街的声音"包含了不同年龄、不同身份、不同职业和知识背景的华裔美国人，对事件的不同反应的采访稿；"声波纪念"项目，由美国国家公共电台"遗失＆发现声音"发起，意在收集与世贸中心双子塔历史及倒塌有关的数字音频资料，目前已征集到了1000份第一手的音频回忆及历史记录资料，包括世界各地的音乐会录音、贸易中心广场的艺术家作品、家庭电影、旅游视频、口述历史等；"这儿就是纽约"囊括了有关9·11事件的丰富的图片资源。

系统和技术概要：9·11数字档案馆的一级类目包括事项（Items）、馆藏（Collections）、相关（About）、新闻（News）、9·11常见问题解答（FAQS About 9/11）、合作伙伴（Partners）、项目团队（Staff）。用户可以检索、浏览馆藏中关于9·11的故事、图像、电子邮件、文档和音频等想要的内容。

9·11数字档案馆采用"全民共建"的建设方式，强调各类机构合作共建，构建过程中获得了社会各界人才、技术和资金等方面的支持，有效提高了项目建设的效率和质量。参与建设的主要合作机构有：美国国会图书馆——为项目提供自9·11发生之初由其公共服务分支部门及海外办事处收集汇总的与此事件相关的资料；曾为纪念"9·11"专设展览的国立美国历史博物馆贝林中心——为项目提供展览过程中收集到的参观者以及网站访问者的一些文本和音频类资料；美国国家公共电台"遗失＆发现声音"——该节目创作人曾将众多广播制作人、艺术家、历史学家、档案工作者等号召在一起，收集、保管有关世界贸易中心和9·11事件的音频资料，并提供给了9·11数字档案馆；美国红十字会博物馆——为项目提供红十字会内部工作人员、志愿者等在事件发生后施行人道主义援助过程中的故事。项目向民间组织、社会大众收集资料是其建设过程中的一大亮点。数字资料的许多内容是个人通过网页的"贡献"（Contribute）板块提供的——个人可以具体选择自己分享的类型，比如经历（Story）、照片或其他的图片（Photo or other images）、视频（Video）、音频（Audio）等。

9·11数字档案馆被成功地建设成为一个可在线对数字化资料进行收集的网站，主要得益于Omeka软件的应用。Omeka是一种开源、基于标准的web发布平台，在2008年开始正式运用推广，其任务是为众多的信息收集类项目提供普遍适用的内容管理系统，方便摄取、著录、组织管理和展示数字资料。

四、艺术及艺术史领域的数字人文

（一）数字技术在艺术创作与艺术史研究中的独特性

学者陈静曾指出，尽管数字人文在其他领域取得了显著进展，但在艺术及艺术史研究中的应用却相对滞后。她分析了这一现象背后的两大原因：一是，艺术史研究涉及的资料类型繁多，包括但不限于文字、图像、音频和视频，这就使得数据的数字化与处理过程变得异常复杂，对技术的要求也相应提高；二是，艺术领域的专业性极高，学术成果的创新性和严谨性备受重视，这在一定程度上加大了数字人文研究方法在艺术及艺术史研究中推广的难度。[1]

　　尽管面临挑战，数字人文在艺术领域的应用依然展现出蓬勃的生命力，其运用计算机、互联网、多媒体等现代技术进行艺术创作或展开艺术史研究，孕育出了"数字艺术""数字艺术史"这样的交叉学科。周宪认为，数字艺术史是当代数字人文的一个重要分支，数据挖掘、大数据计算等数字技术是"数字艺术史"的典型特征与核心优势。[2]穆尔塔·巴卡和安妮·赫尔姆里奇按照线性脉络梳理了"数字艺术史"的5个发展阶段——档案的数字化和传播、为数字人文学科建构工具、可视化/重构/虚拟现实、替代学术出版形式的试验和基于算法的计算方法（包括机器学习和自然语言处理），展现了数字技术驱动下数字艺术史的技术属性和时代特征。[3]

　　随着图像处理、数据挖掘以及大模型训练等技术手段在艺术及艺术史领域的广泛应用，数字技术不仅仅对艺术的外部表征，而是深入到了艺术创作和研究的核心，成为构建知识体系和结构的关键工具。数字技术的融入，为艺术创作和艺术史研究开辟了全新的知识模型。然而，在我国，数字人文在艺术领域的应用

1.陈静.数字人文：艺术及艺术史研究的更多可能[J].艺术理论与艺术史学刊，2022
(1).
2.周宪.数字艺术史的当下召唤[J].美术大观，2021(12).
3.Baca M, Helmreich A. Introduction[J]. Visual Resources, 2013(29).

尚处于初级阶段，主要集中在艺术资源的数字化建设，如数字化网站、检索系统和特色资源库的搭建等，而利用数字技术进行艺术作品深度解析和技术研究的实践仍十分有限。

在技术与艺术的融合过程中，数字化图像、大型数据库以及计算分析等技术手段在艺术及艺术史领域发挥了重要作用。数字图像是图像检索的基础，目前，在数字艺术史领域，数字图像的形成主要依靠两种路径：一是图像模拟，二是数字模拟。前者主要通过拍摄、扫描等方式将研究对象数字化，实现图像的数字可视化；后者致力于将研究对象的要素和特征进行"数值"显示，改变传统图像的视觉属性，例如，通过扫描仪将模拟数据转换为数字数据，利用传感器在设备中将二维图像转换为"数值"等。与数字图像同步兴起的是图像检索，目前，图像检索正在逐步拓展基于"关键词"索引之外的搜索能力，实现基于"内容"的图像检索，也就是说，可以根据选定对象的特征检索视觉相似的图像。

在数字艺术史领域，数字表示是进行计算分析的前提条件，将艺术史研究对象的创作者、线条、色彩、曲调、节奏等相关特征进行数字表示，形成"元数据"，同时结合数字图像、文本等构建成数据库，以便计算机进行数据处理，这一过程"充分融合模式识别、信息检索、人工智能、计算机科学、机器学习、信息可视化以及数据挖掘等数字技术和工具，是一个多维度、综合性的领域"。[1] 例如，"中华民族音乐传承出版工程"等项目

1.李斌，文彩婷.数字技术下的艺术史书写：数字艺术史的创新与挑战[J/OL].广西师范大学学报（哲学社会科学版），[2024-12-17]. http://kns.cnki.net/kcms/detail/45.1066.C.20240520.2039.004.html.

实施以来，各式音乐数据库的建设研发成了热点，建设专题性数据库、采用元数据方案等是大多数学者认可的，可以有效提升数据质量、实现数字资源标准化的有效途径。

计算分析作为常用的数字人文方法，在数字艺术领域同样被广泛应用。这种方法主要借助计算机技术和数据分析工具等对艺术史数据进行深度挖掘和信息处理，揭示艺术家难以捕捉和容易忽视的"信息"。比如，研究者可以利用计算分析技术对某数据库进行遍历搜索以了解艺术史发展脉络和内在规律等。

可以说，数字人文在艺术与艺术史研究中的介入不仅为艺术创作提供了表现手段，还深刻改变了艺术史的探索方式。借助各种数字技术，艺术研究得以从更广阔的视野出发，发现隐藏的关联与模式。数字人文不仅赋予艺术研究新的生命力，更为艺术与科技的跨界对话奠定了坚实的基础，这也预示着艺术未来发展的无限可能。

（二）艺术及艺术史领域的数字人文案例举要

1. 董其昌数字人文展示系统

开发团队：上海博物馆主持开发，万达信息承建

项目类型：可视化数字展览

应用场景：上海博物馆作为董其昌传世书画的重要收藏与研究中心，已经开展了多年深入的研究工作。为了进一步推广董其昌的艺术成就并深化对其艺术生涯的理解，上海博物馆开发了董其昌数字人文展示系统。这一项目运用了数字人文的方法和技术，通过图像、文本和其他多媒体内容的数字化处理和分析，力求全面展现董其昌的艺术世界。

董其昌数字人文展示系统整合了多个维度的数据，包括董

其昌生平大事记、代表作品、社交圈层、书画船旅行、与陈继儒之间的友谊、学术讨论以及艺术品的流传轨迹等。这些数据通过交互式的可视化界面呈现，使得用户能够通过不同的终端设备（如大屏、移动端、电脑端）访问。它不仅汇集了最新的研究成果，还以直观易懂的形式向公众展示这些成果。项目不但是董其昌研究领域的一个重要里程碑，更是数字人文与博物馆研究融合的新尝试，对于提升博物馆的服务质量和学术水平有着重要的意义。无论是艺术史、历史等领域的研究者还是普通观众，都能从中受益。

数据基础：项目以上海博物馆自身馆藏为数据基础，同时囊括了海内外重要收藏机构的相关藏品，力求全面地展现董其昌的艺术成就，以达到艺术性、经典性与学术性的统一。团队对董其昌藏品高清图像数据及其相关数字资源进行了广泛采集，首期建设收集了董其昌绘画作品260幅、书法作品230幅、高清影像500张以上、董其昌作品文本50万字以及论著70篇左右。为了构建一个基于语义的董其昌人文知识模型，团队根据知识本体定义出数据结构，从中提取关键实体，如人物、年代、地点、事件、作品等，并以资源描述框架格式对其进行规范设计，将散落在不同文献中的关于董其昌的相关信息进行整合，使其转换为机器可识别的序列化格式。最终形成的完整知识模型不仅能够关联起这些分散的信息，还能够利用关联数据的知识组织能力，为研究董其昌及其时代背景提供有力的支持。[1]

系统和技术概要：董其昌数字人文展示系统以董其昌藏品

1.童茵.董其昌数字人文图谱设计与数据解析[J].数字人文,2021(2).

高清图像数据及其相关数字资源为基点，梳理了鉴藏、交游、教育、传承等多个人文脉络，以可视化的形态为董其昌的研究设计了一个"主体—时代—表达"的综合维度。[1]

项目选择了以人物为中心，在收集大量图像和文本数据的基础上，按数字人文研究思路，运用文本分析、时空分析、社会网络分析、地理信息技术等技术方法，以时、地、人、事、物对数据进行细颗粒的分类并重新组合，将董其昌的人生经历逐年开列，并汇集其纪年作品数据形成曲线相参照，详细地展现了董氏求学、仕宦和艺术创作的历程，全方位、清晰地展现了董其昌的艺术生平，反映了个人经历与其艺术的关系，如图4-13所示。

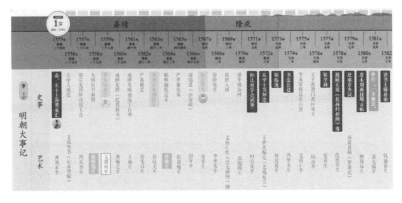

* 图4-13　董其昌与明朝大事记局部图

同时，该年表包含了董其昌生活年代的重大历史事件和文化艺术事件，以及同时期欧洲历史与文艺的重大事件，一方面，力求以更广阔的视野考察社会环境、文化思潮对董其昌艺术理

1.童茵,张彬.董其昌数字人文项目的探索与实践[J].中国博物馆,2018(4).

念及创作的影响，另一方面，将中国艺术史置于整个世界艺术史的框架中予以观照，使读者切身感受到东西方艺术在不同社会环境下的不同发展轨迹。

2."世界的记忆——中国传统音乐录音档案"数字平台

开发团队：中国艺术研究院

项目类型：公益性音频资源数字平台

应用场景："世界的记忆——中国传统音乐录音档案是一个专业的学术资源数字平台（图4-14），它以共享共建的开放性服务模式，为学术研究和文化传承提供了丰富的第一手学术资源。与一般的音乐数字平台相比，该平台更注重学术性，其资源大多来源于学者的实地考察和采录，这确保了资料的原始性和学术价值。平台坚持提供原汁原味的学术资料，无论是音响还是著录信息，都尽可能保持其原始样态。此外，平台还具有明确的学术档案性质，通过展示元数据著录信息和数字化原始记录单，确保资源原始信息的完整性，为学术研究提供了可靠的参考。

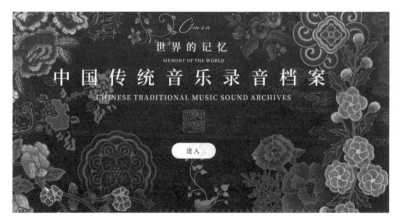

* 图4-14　平台动态欢迎页

　　数据基础：1997年，中国艺术研究院藏中国传统音乐录音档案入选联合国教育、科学及文化组织"世界记忆"工程，并被列入第一批《世界记忆名录》。中国艺术研究院组织专门团队，采用国际标准，对唱片（粗纹和密纹）、钢丝录音带、开盘录音带、盒式录音带等不同类型的模拟载体进行数字化抢救与保护。经过20多年的努力，建成目前我国收录中国传统音乐录音数量最庞大、历史最悠久、珍贵度最高的专业数据库。

　　2022年4月23日，中国传统音乐录音档案数字平台上线试运行，发布约10000条音频数据。两年后，中国艺术研究院更新平台数据，新增音频节目数据6050条，包括民间歌曲2234条、曲艺音乐429条、戏曲音乐1316条、综合类传统乐种27条、宗教音乐47条、歌舞及舞蹈音乐335条、民族器乐曲1148条、现代创作歌曲261条、西洋乐器演奏的中国作品135条、歌剧及舞剧音乐73条、有关音乐的其他音像资料45条。该音频节目数据源于唱片和开盘录音带两种录音介质，其中，唱片年代最早来自20世纪初期，开盘录音带大多为20世纪50年代至90年代期间从民间采录而来的。

　　系统和技术概要：中国传统音乐录音档案数字平台通过"资源""专题"和"专栏"进行全方位展示和发布。"资源"是平台的核心，其分类依据音乐研究所编辑出版、黄翔鹏作序的《中国艺术研究院音乐研究所所藏中国音乐音响目录》一书。为满足不同群体的资源需求，平台设计多种检索方式，提供多个检索筛选条件，且相关条件交替使用，努力实现资源的精确定位。"专题"是系统化和主题化的资源信息，其根据重要的音乐学术事项进行整理提取。"专栏"提供了与资源相关的学术著述，从理论角度深化资源，帮助访问者更好地理解资源的意义和价值。

通过以上分析可以看到，数字人文在艺术传承与艺术普及领域的应用，不但在学术层面上推动了艺术理论、艺术史的研究，更在公共美育的层面上拉近了艺术与公众的距离。无论是董其昌数字人文展示系统的互动体验，还是中国传统音乐录音档案数字平台的在线共享，公众都能够以前所未有的方式接触艺术、体验艺术、理解艺术乃至传承艺术。展望未来，数字人文将助力艺术以更多元、更亲民、更包容的姿态融入日常，激发社会整体的文化自觉与审美提升。

3. 联动爵士乐（Linked Jazz）

开发团队：美国普瑞特艺术学院

项目类型：音乐类关联开放数据库，数字文化遗产文献可视化项目

应用场景：项目主要关注爵士历史的数字档案，用以揭示音乐家之间的关系以及他们在爵士领域的社交网络。该项目的目标是通过与爵士音乐家个人生活和专业生涯有关的历史档案，揭示音乐家之间的语义关联。项目的最终成果以关联数据集的形式发布，在关联数据集中，档案文献中的爵士音乐家之间的关系网络会通过可视化方法表现出来，爵士音乐家名称是关联数据集中的节点。

数据基础：目前数字化爵士档案数量有限，因而该项目仅以有限的数字化爵士档案脚本——汉密尔顿学院的爵士档案、罗格斯研究所的爵士研究档案、史密森尼爵士口述历史——作为数据集。

　　系统和技术概要：联动爵士乐项目的具体工作过程如下：①整理爵士历史档案中的数字脚本——主要源于爵士档案中的访谈脚本，抽取脚本中所提及的艺术家名称，创建联动爵士乐名称目录；这一过程将爵士艺术家名称来源主要锁定为两个多细节层次（Levels of Detail，LOD）数据集——MusicBrainz与DBpedia。②利用优化工具对名称目录数据集进行优化，将名称目录中的统一资源标识符与LC/NAF（国会图书馆名称规范文档）进行映射，并把爵士艺术家的变异名称纳入名称目录中；这一映射过程也将名称目录与虚拟国际规范文档关联起来，通过Curator工具由人工优化数据集。③利用脚本分析器对从爵士历史文献中获取访谈脚本的数字文本进行分析——通过自然语言工具平台自动识别名称实体同时识别如地名、歌曲名、专辑名等其他类型的实体，并将其与合适的实体关联起来；脚本分析器还可以识别没有出现在联动爵士乐名称目录中的名称，除了识别名称实体，脚本分析器还可以将访谈内容分割为结构化的问答形式；这些数据都存储在项目服务器中，项目组在上述工作全部完成以后发布脚本，这些脚本可通过52大街众包工具获取。④利用52大街众包工具分析音乐家社交关系：众包分析参与者可以在52大街众包工具提供的网页中阅读爵士音乐家提及另外一位音乐家时的访谈片段，进而对音乐家之间的关系进行选择、分类；52大街众包工具首页显示了工具流程安排——选择音乐家、挖掘对话、揭示关系、生成网络；页面下端是音乐家名字和头像，用户可以选择自己感兴趣的音乐家进入关系分析页面；在关系分析页面中，左边一栏是访谈者在访谈中所提及的其他爵士音乐家名单，中间一栏是选择左侧音乐家后提及那位音乐家的脚本，右边是可供用户选择的关系列表；在每对音乐家的关系描述完成后，二者之间的关系就会用网络表示出来。[1]

在可视化的网络图中，每个爵士音乐家节点都用一个圆形头像图标表示，若某两位音乐家之间存在相关关系，那么这两位音乐家节点之间用边线相连。目前可视化工具中共录入3000多个资源描述框架3元组，由这些3元组生成了包括1000多个节点和3000多条边线的图。可视化内容具有高度的交互性，可以将某一音乐家的关系图谱独立出来，用户可以随意放大或缩小可视化图谱，还可检索简短的传记描述，甚至播放一段音乐家的视频。

五、本章小结

本章分别概览了文学、文化遗产、历史、艺术领域数字人文项目的实践情况，梳理、回顾了相关领域数字人文实践的发展历程与应用热点，阐释了数字技术为人文研究提供的全新方法路径和有效的作用方式，呈现了不同人文领域共用或特有的技术手段。文中列举的国内外典型数字人文案例，既有古籍文本、传统文化领域的数字档案案例，也有处理多种类资源、包含多元媒体形式的数字博物馆、数字化历史古迹案例；既有偏向数字化管理范畴的案例，也有重在提供数字研究支持的平台和工具；既有国际联合的大型项目，也有某一领域的知识聚合；

1.崔春,毕强.关联数据在数字人文领域中的应用剖析[J].图书情报工作,2014,58(24).

既包含国外的案例，也有我国各类开发主体的经验……通过对以上案例的分析，我们可以发现几点共性，为我们进一步开发新的实践提供启示与参考。

第一，数字人文实践项目提供有效服务的前提，是对足够数量与质量的人文资源开展数字化和数据化工作，而图书馆、博物馆、科研机构等在信息采集与处理、保存与管理、展示与传播方面具有独特优势。一个项目的完整开发与持续运营，大致可以分为两个阶段：第一阶段是在数字人文理论与技术框架下，规范各领域数字化资源建设，包括数据规范化采集、组织、分类、关联与集成等，形成数据关系网络，为进一步的专题研究提供大数据资源基础；第二阶段是在海量异构的大数据基础上，通过范式变更、技术更新、方法拓展和跨学科合作等，观察、分析、探索新规律，形成人文研究的多元阐释。中国历代人物传记数据库、唐宋文学编年地图、中文古籍联合目录及循证平台等数字人文项目多是利用开发者资源优势与传播便捷营造了各领域专业性保护、系统性研究、长期性运营的"数字"环境。

第二，结合历史、地理展开人文领域的综合性研究是数字人文实践项目的研发热点和趋势。唐宋文学编年地图和文都时空不仅以文学创作者和创作时间两个维度研究文学的发生，而是通过可视化的物理空间，进一步挖掘文学与地理位置的关系；中国历代人物传记数据库、中国历史地理信息系统同样突破了传统以时间维度为主的历史研究，研究者可以在更多维的关系网络中考察历史人物与事件。文学、历史、文化、艺术的发生主体、发生时间、发生地点被数字人文多点式、综合性地组织起来，以地理空间带动文学、历史、文化乃至艺术研究，在更宽广的空间视域下观察人文领域的共生现象与异域同构，静态与动态相结合地整体观照各领域知识。相信不久，各项目在历史地图资源库建设、面向特定主题的系统研究、文化和知识传播应用等方面都有很大的开发空间。

第三，将多源、多样的知识进行融合的同时，以直观、便利、高效、易理解的方式呈现给用户是数字人文项目得以长期有效运营的关键因素。一方面，随着人文社科向数据驱动型研究范式转型，很多数字化系统都在积极应用关联数据、知识图谱、实体识别、数据可视化等技术，同时技术升级不可避免地带来前端系统的复杂、多向度，给系统使用者造成了一定的使用困难；另一方面，正如很多学者指出的，数字人文是用技术让不同学科的研究者进行交流的手段，但数字人文无法抹杀传统专业的固有特色——每个学科都有自成体系的方法、工具与研究旨趣，这导致数字人文的技术手段难以真正破除专业壁垒，客观上造成了实践项目的门槛。因而，就以机器学习等人工智能手段与数字人文相结合的实践项目而言，方便使用、能实时应答可作为其开发方向，以满足不同层级的知识检索、访问、使用等需求。

第五章

数字人文项目实证研究

本实证研究以北京文脉资源为对象，基于首都图书馆馆藏北京地方文献和北京学数据，构建一个全面、系统的北京文脉本体及向量知识库，探索北京文化遗产的数字化保护与智能应用的新路径，为文化遗产的深入研究提供了有力支撑。

一、北京文脉资源组织

（一）北京文脉

1. 何谓文脉

文脉是文化发展的脉络，它是一个广泛而抽象的概念，涵盖了文化传承和发展的各个方面。从广义上讲，文脉包括了文化的各种表现形式，如传说、历史、文学、艺术、宗教、哲学等，以及它们之间的相互关系和演变过程。文脉是文化的灵魂和精髓，承载着一个地区或民族的记忆、情感和价值观，是文化传承和发展的重要基础。从狭义上讲，文脉侧重于文化传承的线索和轨迹，它可以通过具体的文化载体或文化现象来体现。例如，文学作品中的语言、风格、主题等元素，历史遗迹中的建筑、文物、遗址等，都可以成为文脉的具体体现。文脉是一种动态的、不断发展的过程，随着时间的推移和社会的变迁而不断演变和丰富。

2. 何谓北京文脉

北京文脉是指北京地区文化发展的脉络和轨迹。北京作为中国的首都，拥有悠久的历史和灿烂的文化，其文脉蕴含着丰富的内涵和独特的魅力。北京文脉不仅包括北京的历史遗迹、名胜古迹等承载着北京历史发展的建筑，还包括描述北京民俗风情和生活方式的文学作品等。此外，北京在现代化进程中，不断吸收和融合外来文化，同时也保持着自身的文化特色和传统，形成了独特的北京文脉。

3. 北京文脉具象化载体

地名是北京文脉的重要组成部分，它不仅是地理空间的简单标注，更是北京城市历史、文化、社会变迁的微观缩影和宏观见证。地名研究涉及地理学、历史学、文化学等多个学科领域，蕴含着丰富的历史信息、文化意象和社会意义，是研究北京城市发展、文化传承、社会结构演变不可或缺的珍贵资料。除此之外，地名还具有重要的文化认同和社会记忆功能。历史遗迹、名胜古迹和文学作品中的地名作为集体记忆的载体，连接着过去与现在，体现了北京文脉的延续和发展，如表5-1所示。

（二）北京文脉项目研究脉络

本实证研究前期经过专家论证，确立了以北京文明演进的历程为核心线索的研究框架，通过系统梳理与整合物质文化遗产与非物质文化遗产这两大核心要素，运用可视化技术呈现文化遗产在时间和空间上的发展变迁数据，从而构建出一个全面而深刻的文化脉络图景。具体从以下几个方面展开：

1. 以史为轴

以北京历史为主轴构建北京文脉的框架体系，全面涵盖政治、经济、文化和军事等多个维度。本实证研究基于对北京历史的深入调研，以史料和考古发现为支撑，以文献资料为补充，通过梳理各个时期的重要事件、制度变迁、社会发展等内容，确保数据的准确性和正确性。例如，琉璃河西周燕都遗址的发掘，为研究燕国的政治、经济、文化提供了重要的实物资料；碑刻拓片等馆藏资料记录了当时的历史事件、人物事迹等，对

表5-1　地名作为北京文脉具象化载体的示例

历史遗迹	周口店遗址	作为北京人类文明起源的重要考古遗迹，见证了北京地区早期人类的活动和发展，是北京文脉的重要源头。
	琉璃河西周燕都遗址	标志着北京建城的起源，承载着北京早期城市发展的历史记忆。
	金中都遗址	北京建都的重要见证，展示了北京在历史上的政治地位和城市建设。
	紫禁城	明清皇家宫殿的营造代表，体现了中国古代皇家建筑的高超技艺和威严气势。
	天坛	明清皇家祭祀文化的代表，反映了中国古代宗教信仰和礼仪制度。
	明长城	如八达岭、慕田峪和金山岭等部分，是明代军事文化的重要象征，展示了中国古代的军事防御体系。
名胜古迹	潭柘寺	作为北京早期佛教文化的发祥地，具有悠久的历史和深厚的文化底蕴。
	云居寺	代表了北齐佛教文化，保存了大量的佛教石刻和经籍，是佛教文化的重要遗产。
	法源寺	唐幽州城的地标，历经多个朝代的变迁，见证了北京的历史发展。
	卢沟桥	金代永定河文化的代表，以其独特的建筑风格和历史意义而闻名。
	北海	清代皇家园林的代表，其优美的景观和丰富的文化内涵展示了皇家园林的魅力。
	三山五园	包括万寿山、香山、玉泉山和静宜园、颐和园、畅春园、静明园、圆明园，是清代西郊皇家园林的代表，体现了中国古代皇家园林的造园艺术。
文学作品	古代诗歌、散文、戏曲	这些文学作品承载着大众的情感与记忆，反映了不同历史时期北京的社会生活、风土人情和人民的思想情感。例如，元代诗人马致远的《天净沙·秋思》描绘了北京秋天的景色，表达了游子的思乡之情；清代曹雪芹的《红楼梦》展现了封建社会的兴衰和人性的复杂。
	现代文学作品	如老舍的《骆驼祥子》《四世同堂》等小说，生动地描绘了北京的市井生活和人民的命运，是北京文学的重要代表。

于补充和验证历史信息具有重要价值。

2. 以时为序

按照历史发展进程的时间顺序进行系统梳理，可以清晰地展示出北京文脉在时间维度上的发展变迁轨迹，以及不同历史时期文化遗产所呈现的特点和演变过程。例如，从周口店遗址可以了解到北京早期人类的生活方式和文化特征；通过明清时期的故宫、天坛等皇家建筑，则可感受到北京作为都城的辉煌和文化的繁荣。通过系统的梳理有助于更深入地理解北京文脉的发展脉络和内在规律。

3. 突出遗产

优先选择在北京文明发展进程中具有重大影响力的城建类物质文化遗产点，包括重要的考古遗迹和著名的名胜古迹。这类文化遗产能够有机地串联起北京文脉的核心主轴，充分体现北京文脉的重要特征和价值。例如，百年百大考古发现中的周口店遗址、琉璃河遗址、大葆台汉墓、明定陵等，以及北京市文物保护单位，《北京通史》《北京文化史》中提及的相关文化遗产。这些遗产点具有重要的历史、文化和艺术价值，是北京文脉的重要载体。

4. 重在关联

深入关联与文化遗产点相关的人、事、物、地等方面的信息，以时间为线索进行串联排序，挖掘其在不同时代记载中的分布规律。通过关联，可以揭示出各文化遗产点之间的关系，更好地理解文化遗产背后丰富的历史文化内涵。例如，法源寺与唐代的历史事件、文化名人等都有密切的联系，通过深入研究这些关联，可以更好地理解法源寺在唐代的地位和作用，以及它对北京文化发展的影响。

5. 可视呈现

借助大模型抽取关系网络、地理信息系统、虚拟现实、增强现实等先进技术，通过可视化的方式呈现文化遗产在时间、空间上的发展变迁，使北京文脉的发展脉络以更加清晰直观的方式展现出来。例如，利用地理信息系统技术可以将文化遗产点在地图上进行标注，并通过可视化方式展示其在不同历史时期的情况。

（三）北京文脉实践目标

本实证研究以北京文化的传承与保护为导向，以新兴数字技术为突破，构建了北京文脉的实证平台，为"北京记忆"提供学术支撑和技术底座。本实证平台涵盖"1个数据库2个地图3个网络"，既包含基于历代北京地区的文史数据的定量式远读，也包含针对具体文旅内容的细读。具体来说，本实证研究将实现3个目标：

1. 构建北京文脉数字记忆系统

构建全面丰富的地方文脉和综合数字记忆文献系统，推进中国文脉和城市记忆的数字化建设、管理与传播。本实证研究通过全面收集整理北京学原始文献，对内容进行深度提取、加工和研究，展现北京学的发展全貌。另外，平台还将实现内容统一规范管理、全数据库搜索查询、分级用户管理和数据可视化等功能，为城市记忆大数据分析和应用提供参考。

2. 创建北京城市文化遗产时空地图

创建全景式的城市文化遗产时空地图，深度挖掘城市文化遗产资源蕴含的价值和特质。本实证研究通过地理信息系统技术、大数据技术、社会网络分析方法及可视化技术，描绘北京文化名人、时间、地点和事件之间的关系，从时间角度，展现北京不同年代不同作家的创作数量、风格等情况；在空间维度，呈现文化遗产的地理分布、可移动遗产的社会流动轨迹，发掘地理因素对地域文化的影响；在社会关系层面，显现文化名人的社交网络、文学流派等。

3. 打造公共文化服务传播平台

打造跨场景、跨媒体、多元化的传播平台，拓展数字化技术条件下现代文化遗产的公共文化服务体系，满足多元化阅读需求，实现北京学历代文化资源的可及与共享，推动文化遗产的社会公共实践，进而拓展与显化历代北京文脉资源的当代价值与社会功能。

二、北京文脉数据集及本体构建

（一）北京文脉数据集

1. 文献的整理与发现

根据北京文脉发展脉络要求，本实证研究收集了全面反映北京文脉发展历程的相关史料文献，内容涵盖了先秦、秦汉魏晋十六国北朝、隋唐五代、辽金、元、明、清等各个历史时期。例如，《先秦时期燕史资料》《秦汉魏晋十六国北朝时期蓟城资料》《隋唐五代时期幽州资料》《明史》《清史稿》等重要历史文献，这为研究北京在不同历史阶段的政治、经济、文化等方面提供了重要的基础资料。

为了能够从不同角度展现北京文脉的丰富内涵，本实证研究还整理了包括史料汇编、方志类、笔记类以及单个名胜相关的多种类型文献进行补充。史料汇编提供了系统的历史资料，方志类文献记录了地方的地理、历史、风俗等信息，笔记类文献则包含了作者的观察和感受，单个名胜相关的文献则专注于特定景点的历史和文化。例如，《帝京景物略》《春明梦余录》等笔记类文献，以生动的笔触描绘了北京的景物和风俗；《宛平县志》《大兴县志》等方志类文献，则详细记录了当地的历史沿革、地理环境、社会经济等情况；《北京都城城垣文献资料汇编》《地方志城墙资料汇编》等文献，则有助于研究北京的城市建设和发展。

对于在历代均有特殊价值的先农坛、地坛、天坛、北海公园、圆明园等单体名胜，本实证研究选择了《北京先农坛史料选编》《明清天坛史料》《红楼：北京大学与中国共产党的创建》等，这些文献均与北京文脉密切相关，能够为研究北京的历史、文化、地理等方面提供有力的支持。

此外，还有一些专门针对北京的考古文献，如《北京的墓葬和文化遗址》《北京考古四十年》等，也为研究北京的考古发现和文化遗址提供了宝贵的资料。

2. 数据来源分析和规范化

北京文脉数据集的数据来源广泛，涵盖了历史文献、考古发现、地方志以及碑刻拓片等多元化的渠道。这些丰富的数据来源为构建全面、详尽的文脉数据集奠定了坚实的基础。历史文献，作为记录历史事件和人物活动的重要载体，为数据集提供了大量珍贵的历史信息。考古发现通过挖掘和分析古代遗迹、遗物，揭示了北京地区的历史文化和人类活动情况。地方志作为记载某一地区自然、社会、政治、经济、文化等各方面历史和现状的资料性文献，为数据集增添了地域性的细节和深度。碑刻拓片保存了许多珍贵的书法艺术和历史文化信息，为研究北京文脉提供了独特的视角。北京文脉数据集的多样性不仅体现在数据来源的广泛性上，还体现在数据类型的多样性上。数据集中包含了文本、图像、音频、视频等多种格式的数据，不同类型的数据相互补充，共同构建了北京文脉的全貌。例如，文本数据详细记录了历史事件和人物传记，图像数据则直观展示了历史建筑和文物的外观形态，音频或视频数据则生动再现了历史场景和传统文化活动。

在数据规范化阶段，本实证研究先对收集到的数据进行了全面的清洗，剔除了重复项，纠正了错误数据，排除了无效信息，从而确保数据的准确性和可靠性；再按照统一的分类体系对数据进行归类和整合，使原本分散的数据得以有序地组织在一起；最后，通过格式转换和标准化处理方法，使所有数据都符合统一的格式和标准，从而构建了一个全面、准确且规范化的北京文脉数据集。

3. 数据结构设计与实现

基于对北京文脉资源的深入剖析与科学分类，本实证研究构建了一套多维度的数据表体系。该体系涵盖了地名表、沿革表、人物表、事件表等多个方面，旨在全面、系统地呈现北京文脉的丰富内涵。这些表将关联字段相互连接，构成了一个完整、有机的文脉数据集网络。地名表详细记录了北京各地的名称、位置、历史沿革等信息；每一条地名记录都配备有唯一的标识符，便于与其他表格进行关联查询。沿革表则专注于记录北京历史的变迁过程；研究按照时间顺序，整理了各个历史时期的重要事件和节点，以及它们对北京地名、疆域、行政归属等方面的影响。人物表和事件表则分别从人物和事件的角度，对北京文脉进行了深入的挖掘和整理——人物表收录了与北京历史文化密切相关的重要人物，包括他们的生平事迹、成就贡献等信息；事件表则详细记录了北京历史上的重大事件，以及这些事件对北京文化、社会、经济等方面的影响。

为了实现对这些多维数据表的高效管理和维护，本实证研究采用了数据库管理系统。该系统不仅支持多种数据查询和检索方式，还提供了丰富的数据分析和可视化工具，便于后续更好地理解和利用文脉数据。

（二）北京文脉本体建设

本实证研究作为一项深入数字人文研究领域的实践探索，其核心出发点之一在于为北京文脉的资源建设奠定可行性基础。因此，本实证研究借鉴了本体构建的理论框架与技术手段，通过跨学科的方法，实现对北京文脉资源的深度解析与系统化组织。具体实践中，本书以北京国子监为对象进行本体构建，通过阐述本体构建的方法与过程，厘清国子监的历史脉络、文化特色和社会价值，为探究不同类型文化传承主体的本体构建提供了丰富的样本。

1. 地名本体构建

（1）地名本体的内涵及意义

地名本体作为研究的基石，不仅清晰地定义了国子监的地理位置与空间范围，还实现了与其相关的历史地名、文化地标等的关联。本研究通过构建地名本体，系统地梳理了国子监所处的地理环境脉络，追溯其历史沿革中的地名变迁，深入挖掘并展示国子监作为文化教育中心所承载的丰富文化内涵与独特地标价值。

（2）构建方法与过程

首先，本研究通过查阅首都图书馆馆藏历史文献、地图资料等，收集与北京国子监相关的地名信息，包括其所在街道（如成贤街、北新桥）、周边地标（如孔庙、雍和宫、安定门）、历史名称（如北平郡学）等。其次，根据所收集地名信息的重要性和关联性，将地名进行分类，并构建层级结构，如以现代地名为例，可以将"北京"作为顶级地名，"东城区"作为次级地名，"成贤街"作为三级地名，而"国子监"则作为具体地点名称。再次，明确地名之间的空间关系、历史沿革关系等，通过本体语言进行形式化表示，建立地名之间的链接关系，例如，"国子监"位于"成贤街"，"成贤街"属于"东城区"，"东城区"在"北京"等。最后，为地名本体添加属性信息，如地理位置、历史背景、文化意义等，以丰富其内涵，例如，"国子监"的属性可以包括建立时间、建筑特色、历史地位等。

2.人物本体构建

（1）人物本体的内涵及意义

人物是文脉传承的主体，是构建本体中不可或缺的核心要素。国子监作为古代高等教育机构的典范，其辉煌的历史与发展轨迹离不开众多历史人物的参与和贡献。本研究通过构建人物本体，系统地整理与分析这些历史人物在国子监发展历程中的角色定位、贡献价值及相互关系，从而更加全面、深入地理解国子监作为教育机构所承载的文化意义与社会功能。这一过程不仅有助于还原历史真相，展现人物风采，更能为当今社会提供宝贵的历史镜鉴与文化启示，促进文脉的延续与创新发展。

（2）构建方法与过程

本研究首先通过查阅《钦定国子监志》《孔庙国子监纪略》《钦定大清会典事例》等历史文献、档案等，收集与国子监相关的人物信息，并根据其在国子监历史中的地位和贡献进行筛选。其次，通过复用中国历代人物传记资料库等所构建的古代人物本体，为每个人物定义详细的属性信息，包括姓名、生卒年月、字号、身份地位、主要成就、与国子监的关系等。最后，为揭示人物之间的相互影响和互动，本研究还通过本体语言对诸如师生关系、同僚关系、政治联盟等内容进行形式化固化。文脉传承的重点是人物与事件的关联，因此本研究还通过引入人物与事件的关系属性，展示人物在事件中的角色和作用。这种关联不仅有助于理解事件的来龙去脉，还能揭示人物对国子监历史发展的贡献。

3. 时间本体构建

（1）时间本体的内涵及意义

在史学研究中，时间是一个至关重要的维度。时间本体是对历史时间线的形式化表示，它将国子监从建立之初到各个发展阶段的重要事件、转折点、变化等按时间顺序串联起来，形成一条清晰的历史脉络。同时，时间本体为研究者提供了一个精确的时间参照系，使得研究者能够准确地定位某一事件或现象在历史长河中的位置，进而分析其与前后事件之间的关联和影响，这对于理解历史事件的因果关系、揭示历史发展的内在规律具有重要意义。

（2）构建方法与过程

首先，本研究依据历史文献和档案等文献资料，收集国子监建立、改建、扩建、更名等重要时间节点，按照时间顺序将收集到的节点进行排序，构建出国子监的历史时间线。其次，根据历史时期的划分标准（如朝代更替、政策变化等），将时间线划分为不同的时间段，并定义每个时间段的起始与结束时间。再次，将国子监的历史事件与相应的时间节点或时间段进行关联，形成完整的历史脉络。最后，为每个时间节点或时间段添加属性信息，如政治背景、社会环境、文化氛围等，以丰富时间本体的内涵。

4. 事件本体构建

（1）事件本体的内涵及意义

在构建北京国子监的本体框架内，事件本体作为其核心组成部分之一，旨在对国子监历史上具有里程碑意义的各类事件进行形式化、结构化的表示与深度描述。这些事件，诸如皇帝亲临讲学、科举制度的实施、考试盛况以及学术领域内激烈的辩论与交流等，不仅深刻烙印于国子监的历史发展轨迹之中，成为其兴衰变迁的直接见证，更是中国古代教育体系、文化传承机制乃至社会思想变迁的重要载体。本研究通过构建事件本体，系统地挖掘、整理并阐释这些历史事件背后的深层含义，进而为历史学、教育学、文化学等多学科领域的研究提供坚实的数据支撑，促进对国子监乃至整个中国古代文化传统的全面、深入的理解与传承。

（2）构建方法与过程

本研究首先对国子监档案资料进行自动实体标注，将收集到的国子监相关的历史事件进行分类，例如教育活动、政策改革、建筑变迁等。其次，对每个事件进行详细描述，包括时间（精确时间、相对时间、时间区间）、地点（精确地点、地理范围）、参与人物（核心人物、主要人物、相关人物）、事件原因（直接原因、根本原因）、事件结果（直接结果、间接结果）等，并定义相应的属性信息。最后，通过将事件与地名本体和时间本体进行关联，明确事件发生的具体地点和时间，还原历史场景。

5. 物品本体构建

（1）物品本体的内涵及意义

在国子监本体构建的复杂体系中，物品本体占据了举足轻重的独特地位。作为古代高等学府与文化地标，国子监内部珍藏着大量的文物、古籍善本、碑刻铭文等，这些物品不仅是物质文化的直接体现，更是精神文化传承与积淀的实物见证。此外，国子监作为礼制活动的核心场所，各类庆典、仪式中不可或缺的特定物品，如祭器、礼服、乐器等，同样承载着深厚的文化内涵与历史意义。因此，本研究在国子监本体构建中，通过其材质、工艺、纹饰及所承载的历史事件与故事，深入挖掘与细致描绘物品本体，力图构建一个多维度、多层次的文化信息库，为研究国子监的历史变迁、教育制度、社会风貌乃至文化传承提供了丰富而直观的实物资料与学术资源。

（2）构建方法与过程

本研究首先通过实地考察、调研博物馆资料等实践收集国子监内的物品信息，并根据其性质进行分类（如文物、古籍、碑刻等）。其次，通过构建物品本体，对每个物品进行详细描述，包括名称、年代、材质、制作工艺、文化意义等属性信息。最后，通过将物品与事件本体和时间本体进行关联，揭示其在历史进程中的作用和意义。

6. 本体验证与优化

本体构建完成后，为确保本体在逻辑上的严密性和在实际应用中的有效性，验证与优化环节至关重要。在验证方面，本研究主要采用逻辑一致性检查和实例验证两种方法。逻辑一致性检查主要是通过逻辑推理来确保本体中定义的类、属性及关系在逻辑上是自洽的，没有出现矛盾或冲突的情况。例如，如果本体中定义了一个"古建筑"的类，并赋予了它"朝代"的属性，那么在逻辑一致性检查时，就需要确保所有被归类为"古建筑"的实例都具备"朝代"这一属性，否则就需要对本体进行修正。实例验证则是通过选取具体的文化遗产实例，来检验本体是否能够准确地描述和表示这些实例。比如，以北京国子监作为实例，检验本体是否能够全面、准确地描述国子监的历史、建筑特色、文化价值等方面的信息。

在优化方面，本研究主要采取补充遗漏信息和修正错误关系两种策略。补充遗漏信息是指在验证过程中发现本体缺失了某些重要信息或属性，需要将其补充完整。例如，在描述"古建筑"类时，在研究设计阶段只考虑到建筑的建设年代和建筑风格两个属性，但在实际应用中发现，建筑的材料、功用等信息也是非常重要的，因此就需要将这些遗漏的信息补充到本体中。修正错误关系则是指在本体构建过程中，由于理解偏差或数据错误等原因，某些类或属性之间的关系设置错误，需要进行修正。例如，如果原本将"皇家建筑"和"民居建筑"都笼统地归类到了"古建筑"的子类下，那么在实际应用中就会发现这种分类方式并不准确，因为"皇家建筑"和"民居建筑"在建筑风格、功能等方面存在显著差异，因此，应该被划分为不同的类。

持续的验证和优化过程对于提高本体的质量和应用价值具有重要意义。本体的构建并非一蹴而就，而是需要不断地进行迭代和完善。随着我们对北京文脉的深入理解和对文化遗产保护需求的不断提升，相应地，只有对本体进行不断的验证和优化，才能确保本体准确地描述和表示北京文脉中的各类文化遗产，进而为文化遗产的数字化、智能化管理和应用提供有力支持。同时，这也为我们进一步探索和创新文化遗产保护方式奠定了坚实的理论基础，提供了实践依据。

三、基于大模型的文脉信息抽取实验——以国子监为例

（一）信息资源获取

1. 数据来源

北京国子监相关数据来源广泛、数量丰富，涵盖了专书、古籍（清道光后）、奏折、上谕等古籍档案、图书、报刊、档案、拓片、照片、绘画等多个方面。具体来说有：①专书——包括《皇明太学志》《钦定国子监志》《国学礼乐录》等与国子监相关的专门著作，这些书籍是研究国子监历史、制度、文化等方面的重要资料来源；②古籍（清道光后）——包含了《钦定大清会典》《清续文献通考》等大量清代古籍，这些古籍记载了国子监的规章制度、历史事件、人物等信息，对于了解国子监在清朝时期的发展状况具有重要意义，也是研究国子监历史

不可或缺的资料来源；③奏折、上谕档——记载了国子监在具体历史时期的具体事务和决策过程，是了解国子监实际运作的第一手资料，能够真实反映国子监在当时的政治、教育和社会背景下的地位和作用；④图书——与国子监相关的各类图书，涵盖了对国子监的历史研究、文化解读、人物传记等方面，从不同角度和层面丰富了国子监的立体面貌，为深入研究国子监提供了多维度的信息支持；⑤报刊——从不同角度报道国子监的新闻、事件、评论等内容，反映了当时社会对国子监的关注和看法，对于了解国子监在社会舆论中的形象和影响力具有一定的参考意义；⑥档案——与国子监相关的各种档案材料，如官员任免记录、学生学籍档案、教学活动记录等，为研究国子监的组织架构、人员管理和教育教学活动提供翔实的资料依据，对了解国子监的内部管理和运作机制具有重要意义；⑦拓片——与国子监相关的碑文、匾额、石刻等内容，保存了国子监的历史遗迹和文化信息，是研究国子监历史和文化的重要实物资料，能够作为国子监建筑、文化传承等方面的直观证据；⑧照片——记录了国子监的建筑、场景、人物等面貌，可以直观地反映国子监的外观和环境，以及特定时期的活动情况，为研究国子监的历史变迁和文化发展提供了视觉资料；⑨绘画——与国子监相关的绘画作品，展现了国子监的建筑风貌、教学场景或历史事件等。

2. 数据采集

数据采集是确保信息资源准确性和完整性的关键环节，本研究在文献检索和实地考察的基础上，对收集到的人量资料进行初筛，去除明显无关或重复的信息。下文将以"古籍

（清道光后）"表中1700多条信息为例，详细阐述本研究进行数据采集的过程。对于古籍中有关国子监的记载，本研究利用机器"远读"与人工"近读"相结合的方式对原文探勘，理解其含义，提取出与国子监的规章制度、历史事件、人物等相关的信息。例如，从《钦定大清会典》中提取出有关国子监的组织机构、职责权限、学生选拔等方面的规定；从《钦定国子监志》的记载中提取出历史事件的发生时间、地点、经过和影响等关键要素。对于重要的数据和信息，需要进行多方验证——将从不同来源获取到的关于同一事件或人物的信息进行对比，查看是否存在差异；对于无法判断的信息则通过专家论证的方式提高数据的可靠性和可用性。例如，对于国子监某一时期的重要事件，需对比不同古籍中的相关记载，核实事件的时间、地点、参与人物等细节，以确保信息的准确性。

3. 数据存储

数据存储的过程本质上是将纸质文献、照片、拓片等实物资料进行高质量数字化处理，转化为电子文件进行存储。根据数据的类型和特点，本研究搭建了专门的数据库对存储数据进行严格分类，按照数据的来源、类型、时间等维度进行精确划分。例如，将专书、古籍、档案等不同来源的数据分别存储在非结构化的数据库分区中；将历史事件、人物信息、建筑资料等不同类型的数据分别存储在相应的数据库子表中（图5-1）；按照时间顺序对数据进行准确排序和存储，以方便后续对于历史时期的对比分析。同时，为了防止数据库信息丢失，本研究采用本地备份和异地备份相结合的方式定期对数据库进行全面备份。

＊图 5-1　数据库子表（部分）

（二）数据预处理

《钦定国子监志》作为一部记载古代中国最高学府——国子监的历史、制度、人物及教学活动的重要文献，是研究北京文脉传承的重要参考之一。该书原始版本为纸质书，为了实现数字化存储，方便后续的处理与分析，本研究针对文本内容采用了扫描、光学字符识别和人工校验的方法。依据古籍的语言特点、语法规则和语义理解，使用专业的预处理工具对经光学字符识别后的古籍文本进行了断句处理（图5-2）。经过断句处理后的文本显然更加符合现代阅读习惯，也更容易被大模型理解和使用。

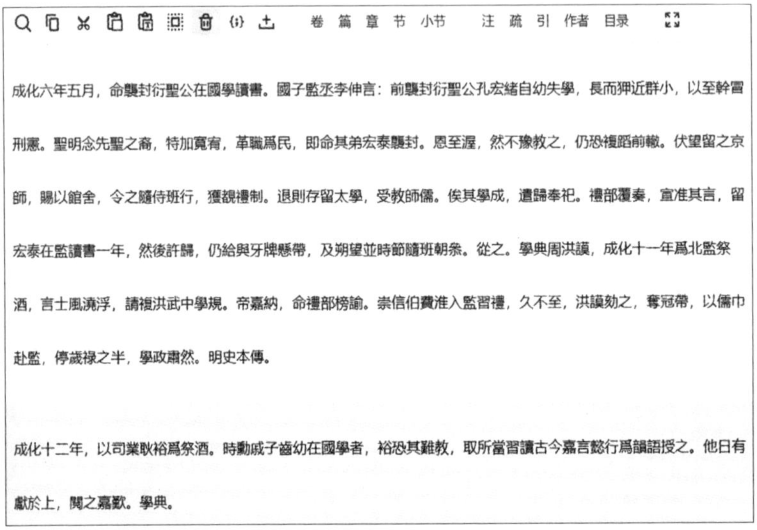

* 图5-2　经断句整理后的《钦定国子监志》部分文本

《钦定国子监志》也包含许多与国子监相关的插图，如建筑图、地图、人物画像等，这些插图对于理解国子监的历史和文化具有不可替代的重要价值。本研究针对图像内容则采用了图像识别技术与人工筛选相结合的方式，将这些插图从书籍中精确地提取出来并添加了详细的标签和注释，注明其内容、来源以及在书中的相关背景信息，便于后续分类、检索和调用（图5-3与图5-4）。

* 图5-3　基于照片的图片信息提取成果图

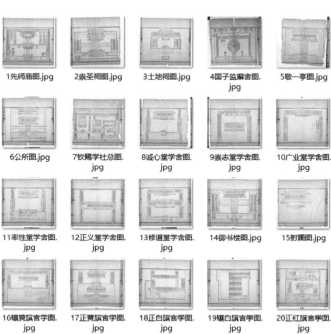

* 图5-4　基于建筑图的图片信息提取成果图

（三）实体及关系抽取

在大模型飞速迭代的今天，利用大模型的自然语言处理机制技术对《钦定国子监志》进行命名实体标注与关系提取，是实现书中信息结构化、图谱化、智慧化的关键步骤。

1. 实体定义及标注

在已有实体类型的基础上，考虑到国子监的特定背景和丰富内涵，在实体定义层面，本研究把"国子监"作为一个独立的机构进行定义，并将书中与国子监相关的重要元素归纳标注到这个实体类型上（图5-5）。例如，国子监涉及的人员众多、身份混杂，其中包括官员、教师、学生等，这些不同身份背景的人员活动场所各具特点，涉及国子监和其他不同地点。此外，记录有国子监相关信息的书籍和文献也是重要的实体来源。通过补充国子监这一组织机构实体类型，能够更好地将这些相关实体整合在一起，展现出国子监作为一个复杂系统的全貌。

* 图5-5　添加"国子监"实体定义

在实体标注层面，本研究经过对通用基座大模型和古汉语专业模型的测试比对后，选用准确度更高的古汉语专业模型来对《钦定国子监志》一类的古汉语文本进行标注。但鉴于大模型自动标注存在遗漏的情况，本研究又通过人工判读的方式，对可能遗漏的实体进行了逐一修正与标注，以确保实体标注的准确性和完整性（图5-6）。经过大模型与人工干预相结合的命名实体标注后，本研究将各类实体信息分为"人""时间""地点""职官""书"5类。在"人"这一实体类中，共检测到40多个实体——涵盖了与国子监相关的众多人物，如李伸、孔宏绪、（孔）宏泰、周洪谟、费淮、（周）洪谟、耿裕、林大猷、日通等。每个人物实体都与国子监有着密切关联，是对国子监研究不可忽略的重要角色。例如，"李伸"在文本中因发表过与国子监相关的言论且参与到关联事件中而被标注成了人物实体；"孔宏绪"自幼失学且涉及与国子监有关的事件

* 图5-6　对《钦定国子监志》进行实体标注（局部）

而成了重要的人物实体；"宏绪弟（孔）宏泰"的袭封及其在国子监的经历也使他成为关注的焦点。这些人物实体的标注为后续运用大语言模型分析人物在国子监的日常活动和社交网络提供了数据基础。

在"时间"实体类中，共检测到11个实体，这些时间点标记着国子监发展的重要事件或历史阶段。例如，被抽取出来的时间实体"成化六年五月"，就是某个与国子监相关决策或事件发生的具体时间。

"地点"实体类有17个实体，涉及国子监所在地及与国子监相关的活动发生地。例如，被抽取出来的"京师大"等地点在文本中就与国子监的布局、人员的活动范围等密切相关。

"职官"实体类有7个实体，如"丞""祭酒"等，这些职官在国子监的管理和运作中扮演着关键角色。他们的职责、权力以及在不同时期的任职情况对研究国子监的组织架构和运行机制至关重要。

"书"实体类有12个实体，包括国子监教学、研究和收藏的重要文献，是国子监的学术体系与教育传承的有力佐证。

2. 关系抽取

为了准确地描述实体之间的复杂关系，本研究定义了一系列关系类型，如"管理（人，管理，职官）""任职＆爵位＆谥号""位于"等。"管理"关系类用于表示人与职官之间的管理职责和权力关系，如"（人，管理，职官）"明确了某人对某个职官的管理行为；"任职＆爵位＆谥号"关系类则涵盖了人在国子监的任职情况、所拥有的爵位以及谥号等信息，全面反映某一人物的身份和地位；"位于"关系类则用于表示实体在空间上的位置关系，有助于了解国子监中各个实体的布局与空间架构特点。

在关系抽取阶段，为了获取更准确、全面的关系信息，本研究经过调研后选择了多种大型语言模型进行测试，这些模型各具特点和优势，能够从不同角度和层面处理文本中的关系信息。

（1）基于通义千问模型无人工干预的关系抽取

通义千问模型在无人工干预下的关系抽取结果（图5-7）显示，存在一些具体且有意义的关系实例。例如，"（李伸，管理，丞）"表示李伸与丞之间存在管理关系，这可能意味着李伸在国子监中具有管理丞这一职位的职责或权力；"（宏泰，任职＆爵位＆谥号，衍圣公）"表明宏泰的任职情况为衍圣[1]公，同时还可能涉及相关的爵位和谥号信息。这些信息对于了解宏

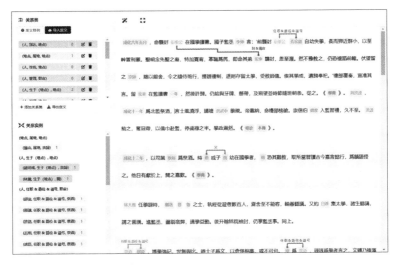

＊图5-7　通义千问模型关系抽取图（局部）

1.此处按照数据库显示，不做修改。

泰在国子监中的地位和角色具有重要意义。

（2）基于文心一言模型无人工干预的关系抽取

在未进行人工干预的情况下，文心一言模型的关系抽取结果也存在类似有价值的关系实例。例如，"（邱浚，任职＆爵位＆谥号，祭酒）"表示邱浚在国子监中担任祭酒这一官职，并且涉及他的任职、爵位和谥号等相关信息。

（3）基于智谱GLM4模型无人工干预的关系抽取

智谱GLM4模型自动运行关系抽取结果（图5-8）也同样存在一些具体且有意义的关系实例。例如，"（林大猷，管理，监丞）"但其监丞的前缀动词是"进"，表示林大猷的监丞一职不是调任，而是晋升关系。"（林大猷，任职，检讨）"结合嗣后"仍掌监丞事"，不仅表明林大猷在此系统中获得第二次晋升，其任职机构有跃迁，而且也能体现出其在国子监系统中仍

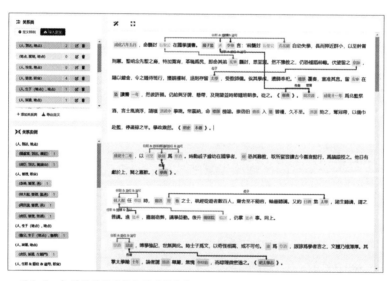

* 图5-8 智谱模型关系抽取图（局部）

有强大话语权。这些任官关系的信息抽取不仅有助于梳理林大献的仕途经历，也能在一定程度上助力用户理解国子监的官制体系和机构辖属关系。

通过对多种模型进行尝试，本研究整合了各模型优势，并相互补充和验证，提高了关系抽取的准确性和可靠性。此外，本研究通过进一步抽取《先秦时期燕史资料》《秦汉魏晋十六国北朝时期蓟城资料》《隋唐五代时期幽州资料》《明史》《明实录》《清史稿》《宛平县志》《大兴县志》《北京先农坛史料选编》《明清天坛史料》等选定文献中的实体关系，辅以人工审读的方式，经过不断整合后得到了一个相对全面、准确、信赖的实体数据库，为下一步构建北京知识服务平台搭建了数据基础。

四、北京文脉向量知识库融合及可视化应用

（一）向量化和向量知识库的构建

向量知识库的建立对于提升大语言模型在人文历史领域的准确性和权威性至关重要。这种知识库通过将历史事件、人物、地点等信息转换为向量形式，提供了一种结构化的知识表示方法，不仅有助于模型更清晰地理解历史背景和事件之间的关系，还支持高效的信息检索，使模型能够快速准确地找到相关的权威历史资料。向量知识库的整合性质使得不同来源的历史数据得以融合，为模型提供了全面的历史视角，减少了片面或错误信息的产生。此外，这种知识库集成了权威的历史资料和学术成果，增强了模型输出内容的权威性。向量知识库还支持从多个维度分析历史事件，提供更深入的见解，从而使得大语言模型在人文历史领域的应用更加可靠和权威。基于此，本研究分

阶段建立了一个涵盖"北京学"研究的向量数据库，涉及历史、建筑、城市发展、文化与社会变迁等领域，以支持研究和训练大规模语言模型；同时针对政策制定者、研究者和一般用户等不同受众群体的不同应用场景开发对应前端，从而满足用户的知识查询、检索、问答和生成的需求，帮助用户获取见解并总结复杂信息。

在向量化技术的选择上，本研究采用了预训练嵌入模型，这种模型能够将词汇映射到高维空间中的向量，捕捉其语义含义。同时，为了进一步适应北京城市研究的特定领域，本研究在预训练的基础上进行了微调，使得嵌入模型能够更好地捕捉数据集中的独特内容和语境。此外，为了捕捉更广泛的上下文信息，本研究采用了句子和段落级别的嵌入技术，以生成能够表达更大文本单元语义的向量。在向量化工具的选择上，本研究利用了开源工具和框架，高效地处理大规模文本数据，并生成适用于大语言模型训练和推理的向量表示。构建向量数据库是本研究的另一个关键步骤，它将向量化后的文本表示存储在数据库中，并支持高效的查询与检索。在数据库选择上，本研究使用了专用向量数据库，这种数据库针对高维向量的存储和搜索进行了优化，能够支持大规模数据的快速检索。在数据导入过程中，本研究根据元数据标签和实体之间的关系，将向量化的数据进行了结构化存储，例如，将讨论相似主题或时期的文本连接起来，以便于后续的检索和分析。此外，本研究还构建了索引，使用了如HNSW或IVF等适当的索引策略，以确保向量的快速、准确检索。同时，也在元数据字段上建立了索引，以支持传统的基于关键词的搜索。

（二）北京文脉可视化应用

文脉的构建是一个动态的、多层次的文化过程，依托于物质与非物质文化遗产的传承与重构。具体而言，这一过程通过信息的收集与数字化、知识的提炼与组织、事件主题的聚类与叙事构建，最终塑造和激活文化记忆。文脉的传承不仅在于文化符号的保留，还在于记忆如何通过标识体系（人、事、地、时、物）得以传达。基于这一理论框架，北京文脉的可视化应用按照以下几个层次展开。

1. 建立以"北京文脉"为主题的多模态基本数据库

文脉的形成离不开原始信息的收集与整理。本研究的第一步是将历史档案、文献、文化遗产、遗存等材料进行全面的数字化。这一过程不仅涉及文本的扫描与数字化，还包括图像、音频、视频等多模态数据的收集与存储。这些材料构成了文脉研究的基础，用户可以通过检索，阅读这些原始材料，了解北京的历史文化信息。此外，为了提高这些数据的可用性和研究价值，本研究将这些信息与地理空间数据结合，打造了一个可供检索的多媒体数据库，确保材料在空间和时间上的精确定位，这为下一步的知识提取和数据分析打下了坚实基础。

2. 对构成北京文脉的基本信息进行提取与组织

从数字化信息中提取有用的文化知识是文脉研究的基础。通过对"人、事、地、时、物"等要素的提取，系统地将原始材料进行整理，构建出一系列清晰的知识点。这些知识点按照一定的体例被编纂为可供引用的知识单元，供学者、公众和机器学习算法使用。具体来说，这一阶段的工作类似于百科条目的编撰，通过链接不同的知识点，发掘信息之间的关联与逻辑，形成一种多维度的知识图谱。在这一过程中，知识图谱不仅展示信息本身，还揭示了北京文化在不同历史时期的空间网络和文化互动路径，为后续的主题分析提供了丰富的语义背景。

3. 事件的主题聚类与记忆叙事构建

文脉的核心在于通过事件构建叙事，而事件的组织与解读则是文化记忆生成的关键。在这一阶段，本研究将借助自然语言处理和机器学习技术，按照主题对不同的历史事件进行自动化聚类。每个事件将关联"人、事、地、时、物"信息，通过算法计算事件的影响力、重要性和持续性，生成具有清晰叙事结构的文脉主题。例如，通过分析大运河、长城、中轴线等文化符号，可以形成关于这些符号的多层次叙事线索，揭示其文化影响力的空间扩展和时间演变。用户也可以根据自己的研究兴趣，通过自定义检索词或者自定义叙事线来筛选和组织事件素材，生成新的主题叙事。系统将对百科和事件进行二次聚类，结合用户输入的信息，自动生成相应的叙事路径。这样的互动模式不仅激活了用户参与，也促进了文脉叙事的多样性和灵活性。

4. "记忆图谱"的构建与文化记忆的动态展示

"记忆"是文脉得以激活和传承的关键要素。基于前期对事件主题的聚类和叙事构建，系统将生成一系列记忆图谱。这些图谱展示了特定文化记忆在时空维度上的演变过程，揭示了其变化规律和内在逻辑。例如，通过视觉化的方式展示长城作为文化纽带在不同历史时期如何被赋予新的象征意义，或者分析北京的胡同文化在城市化进程中的变迁。这些记忆图谱将通过空间地图、时间轴和影响力曲线等多种形式进行展示，帮助用户直观理解文化记忆的延续与重构过程。这种基于记忆的动态展示方式，不仅提供了静态的历史知识，更为用户呈现了具有时空流动性的文化记忆，展示了文化在不同时代如何被选择、强化或遗忘。通过这一方式，文化记忆的生成机制得以直观呈现，为文脉的研究提供了全新的视角和工具。

五、北京文脉知识服务平台设计

（一）平台需求分析与架构设计

1. 平台需求分析

北京文脉知识服务平台是通过信息的数字化、知识的组织、事件的主题聚类和记忆图谱的构建，实现对北京历史文化资源的深层次加工与多维度关联，构建的一个满足多用户需求的智慧化知识服务体系。这一平台不仅是对历史的数字记录，更是对文化记忆的活化与创新，推动了数字人文与历史文脉研究的深入融合。首先，平台是面向相关机构和部门的北京城市文化智库，能够在基于"北京记忆"前期成果和北京重大考古遗址、名胜古迹、历史文献的基础上，围绕"北京学"研究与建设，建立的有本地特色的文献资源保障体系。平台作为北京城市文化智库，为相关部门提供专题信息资源保障，服务于北京文化政策制定和文化产业发展，推动文化和旅游深度融合。其次，平台应具备作为面向创作者的北京文化专业内容生产工具的能力。平台应该包括北京考古发现、名胜古迹、文学艺术、民俗风情、红色文化等多种主题内容，创建综合"北京文化主题内容素材库＋权威的北京记忆文化百科＋北京文化内容辅助生产工具"的内容生产平台，打通基于人工智能生成内容从"素材"到"内容"的生产全流程，服务于有基于专业知识生产北京文化内容需求的用户。最后，平台应该是面向公众的综合性北京记忆文化服务平台。通过IP、视觉、叙事提升，赋予"北京记忆"品牌新形象，建立以数据驱动的具有"北京基因"的记忆叙述新形式，打造北京记忆"新传播"，为用户提供集北京城市记忆图谱、北京文化学习资源中心、文化体验导览助手等功能于一体的综合性服务平台。

2. 平台架构设计

北京文脉知识服务平台的架构设计决定了平台的稳定性、可扩展性以及功能的丰富性。平台采用了分层架构的思想，将整个系统划分为数据层、服务层、应用层和展示层4个层级，如图5-9所示。

数据层是平台的基础，负责数据采集和预处理工作。这一层通过各种传感器、数字化设备等，广泛收集承载北京文脉的相关数据，如历史建筑信息、文化遗产资料、历代城市规划数据等。同时，数据层还承担着数据的清洗、格式转换、标准化等预处理任务，确保数据的准确性和一致性，为后续的数据处理和分析奠定坚实的基础。

服务层位于数据层之上，主要提供文本化数据处理、存储和管理服务。这一层利用高性能的计算资源和存储设备，对数据层提供的原始数据进行进一步的处理和分析，如数据挖掘、模式识别、关联分析等。同时，服务层还负责数据的存储和备

展示层	Web端	移动端	大屏端	

应用层	主题性 百科内容	叙事性 百科内容	智能问答与 定制内容生成	安全层
	百科（结构化北京文脉地方知识）			
服务层	文本化 数据挖掘 关联分析	知识图谱	AI大模型	
		自然语言处理	主题建模	
		实体识别	领域本体	
数据层	历史文献	考古报告	当代出版物	
	图像音频	时空基础设施	遗址、文件3D 模型	

* 图5-9　北京文脉知识服务平台总体架构规划

份工作，确保数据的安全性和可靠性。此外，服务层还提供一系列的数据管理功能，如数据查询、数据更新、数据删除等，以满足不同用户对数据的需求。

　　应用层是平台的核心，包含了各个功能模块，用于实现具体的应用需求。根据北京文脉知识服务平台的定位和目标，应用层被划分为多个独立而又相互关联的功能模块，如历史文化模块、智能问答模块、百科关联模块等。这些功能模块通过调用服务层提供的数据处理和管理服务，实现了对北京文脉资源的全面展示和深入分析，为历史文化研究者、城市规划者以及普通公众提供丰富的信息和有力的支持。

展示层是平台的最终呈现部分，负责将处理后的数据进行可视化展示。这一层采用了先进的可视化技术和交互设计理念，将数据以直观、易懂的方式呈现给用户。展示层通过图谱、地图、关联信息等多种形式，不仅提供数据的可视化展示功能，还允许用户进行交互操作，如缩放、拖拽、筛选等，从而提高用户对数据的感知和理解能力。

北京文脉知识服务平台的架构设计充分体现了分层架构的优势，通过将系统划分为不同层级和功能模块，实现了数据的高效处理、存储和展示。这种架构设计不仅提高了平台的稳定性和可扩展性，还为后续的功能拓展和优化奠定了坚实的基础。

（二）平台功能模块建设

平台的功能模块包括数据存储与管理模块、主题聚类模块、可视化模块、知识向量模块和智能问答模块。每个模块都承载着特定的功能需求，共同构成了平台的完整功能体系。通过对这些功能模块的详细分析和研究，可以揭示其在文化保护和城市规划中的重要作用。

1. 数据存储与管理模块

数据存储与管理模块是知识服务平台的数据基础，主要实现各类资源的智能采集与存储，主要包括以下几方面的内容：

①北京文脉实体语料库。通过对图片、文本、音频、视频等多种类型信息的精细化标注与多层次分类，实现对北京文化信息的深度挖掘与结构化整理（图5-10）。在此基础上，平台通过引入向量表示技术，将北京文脉中的图文声像等多模态数据转换为向量空间中的点或向量，实现数据的高效存储、快速

检索以及深度分析。

* 图5-10 北京文脉知识服务平台数据录入

②分布式存储架构。为了应对海量数据的存储需求，平台采用了分布式存储架构，将数据分散存储在多个节点上，同时结合索引技术和缓存机制来提高知识的检索效率（图5-11）。这种架构不仅提高了存储效率，还增强了数据的可靠性，即使某个节点发生故障，其他节点上的数据仍然可用，从而保证了平台的持续运行。

③数据安全保障。数据加密是数据安全保障措施中一项重要的内容，通过对敏感数据进行加密处理，即使数据被非法获取，也难以被解密和滥用。此外，访问控制也是保障数据安全的重要手段之一。平台通过严格的权限管理，确保只有经过授权的用户才能访问特殊数据，有效防止数据泄露和非法访问等问题的发生（图5-12）。

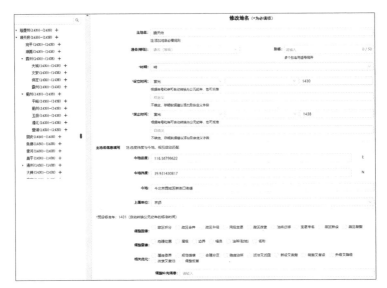

* 图5-11　北京文脉知识服务平台历史地名配准字段管理

* 图5-12　北京文脉知识服务平台权限管理后台

　　数据存储与管理是北京文脉知识服务平台不可或缺的重要组成部分。通过采用分布式存储架构、完善的数据管理工具和数据安全保障措施，平台能够确保数据的稳定性、可靠性和安全性，为用户提供高质量的历史文化展示和分析服务。

　　2. 主题聚类模块

　　主题聚类模块作为北京文脉知识服务平台应用层的重要组成部分，其在历史文化数据的深入挖掘与分析方面发挥着至关重要的作用。主要包括以下几方面的内容：

　　①知识聚合。平台通过自然语言处理和机器学习技术，按照主题对不同的历史事件进行自动化聚类。每个事件将关联"人、事、地、时、物"信息，通过算法计算事件的影响力、重要性和持续性，生成具有清晰叙事结构的文脉主题。通过这一过程，平台能够揭示出北京文脉在不同历史时期的独特特征，以及演变轨迹（图5-13）。

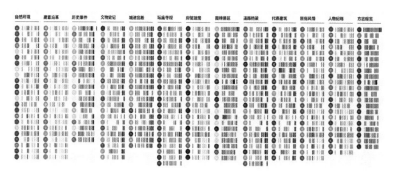

＊图5-13　北京文脉知识二维纵向聚合

　　②知识关联。基于历代舆图的地名导航为北京文脉关联可视化平台提供了强大的基础支撑，使用户能够轻松、直观地了解和

探索北京的历史文化资源。用户可在检索框中输出任意北京地区历史地名，即可获得与之相关联的人文信息资源（图5-14）。

* 图5-14　北京文脉知识服务平台上的知识关联图——顺天府历史地名与人物关联

3.可视化模块

可视化模块是连接数据和用户的桥梁，它的设计和实现直接关系到平台的功能完善性、用户体验以及数据价值的最大化利用。主要包括以下几方面的内容：

①时空叙事。平台不仅包含建筑和历史事件的叙述，更需要通过视觉化手段展示其空间布局与时间变迁的关系。平台通过高分辨率图像处理、三维建模与渲染、多媒体集成等，以确保文化资源的可视化效果达到最佳。例如，对于历史建筑，模块不仅提供了详细的文字介绍，还配备了高清图片和全景视频，让用户能够全方位了解建筑的外观、内部结构和历史背景。

②交互设计。为了增强用户的互动体验，可视化模块还引入了虚拟现实技术。用户只需佩戴虚拟现实设备，便可沉浸在虚拟的文化空间中，与历史文化进行"零距离"接触。这种沉浸式的浏览方式，不仅提升了用户的参与感和兴趣度，还有助于深化用户对北京历史文化的认知和理解（图5-15）。

＊图5-15　适配虚拟现实设备的三维卢沟桥

除了丰富的展示内容和多样的互动方式，可视化模块还具备强大的搜索功能。用户可以通过输入关键词或选择特定的分类标签，快速定位到感兴趣的文化资源。

4. 知识向量模块

向量化的数据能够提升智能问答系统的处理效率和准确性，使其更有效地理解和生成与问题相关的回答。不采用向量化数据处理技术的智能问答系统，在生成回答时，往往表面上会产生一系列看似逻辑合理且连贯的文本，然而这些却存在答非所问、与公认的事实或理论不符、缺乏实际依据等问题（图5-16）。

向量知识库的构建是北京文脉知识服务平台智能问答的重要基础。通过合理的知识表示、精确的向量计算和高效的知识存储，实现对北京文脉知识的全面整合和高效利用，为推动文化遗产的传承与创新提供有力的技术支持。向量计算是向量知识库构建中的核心技术。通过向量计算，可以实现知识之间的相似度度量、词共现和语义推理等功能，给用户提供更加准确的回答体验。在向量数据库构建完成后，平台可以利用已经向

国子监与纪昀的关系

国子监是中国古代最高学府和教育管理机构，它在不同的朝代有不同的职能和地位。而纪昀（1724年11月24日 - 1805年2月2日），字晓岚，号春帆，清代著名学者、文学家，乾隆、嘉庆年间官员，官至礼部侍郎。

纪昀与国子监的关系主要体现在以下几个方面：

1. **教育经历**：纪昀在年轻时曾就读于国子监。在清朝，国子监不仅是国家最高学府，也是培养官员的重要基地。纪昀在国子监的学习为他日后的科举考试和仕途打下了坚实的基础。

2. **学术活动**：纪昀在国子监期间，广泛涉猎，学问大进，与当时的许多学者交往，参与学术讨论，逐渐在学术界建立声誉。

3. **编纂工作**：纪昀最为人所知的成就是主持编纂了《四库全书》，这是一项巨大的文化工程。在编纂过程中，国子监提供了大量的人力资源，许多国子监的学者参与了这一工作。

4. **官员身份**：在清朝，国子监的负责人往往是朝廷重臣，纪昀作为官员，与国子监的管理层有工作上的联系。此外，他本人也曾担任与教育相关的职位，间接关联到国子监的教育和管理工作。

纪昀一生致力于学问，对清朝的文化教育事业做出了重要贡献，他在国子监的学习和活动是他学术生涯的重要组成部分。

＊图5-16　无向量知识支持的"智能问答"

量化的带有丰富上下文的数据和实体数据，通过迭代训练的方式，逐步调整模型参数，使模型能够深入学习北京的特定历史、建筑和文化背景，从而提高模型在特定领域的适用性和准确性。

5. 智能问答模块

智能问答模块在北京文脉知识服务平台建设中至关重要，它能够显著提升用户体验，实现用户问题的即时反馈与精准解答，提升平台的互动性和智能化水平，是推动平台高效运营和用户黏性增长的关键因素。主要包括以下几方面的内容：

①模型选择。在构建北京文脉智能问答模块的过程中，模型选择是至关重要的第一步。考虑到北京文脉的丰富性和复杂性，平台需要一个能够灵活处理多种类型问题，同时能够准确理解并回答问题的模型。因此，本研究选择了具有较强表征学习能力的开源中文基座预训练问答模型，它能够自动捕捉文本中的深层语义信息，处理复杂的自然语言问题。

②特征提取。特征提取是问答模型构建的中间环节，也是关键环节。为了从向量知识库中提取与问题相关的特征信息，本研究设计了一套有效的特征提取策略，以充分利用向量知识库中的语义信息，同时兼顾北京文脉的独特性和用户的查询习惯。平台可以根据问题的类型和内容，从向量知识库中检索出与之相关的文本向量作为问答模型的重要输入特征，帮助模型更好地理解问题的语义。另外，平台还可以利用一些额外的特征信息，如利用人工编校过的实体类型、关系属性等，来增强模型的表征能力。

③参数调优。参数调优是问答模型构建过程中的最后一步，也是确保模型性能达到最优的环节。为了防止模型过拟合

或欠拟合现象的发生，本研究不断优化设置模型的复杂度和正则化强度，通过调整模型的层数、神经元数量以及学习率等参数，构建的一套具有出色性能、稳定性强的北京文脉智能问答模块。

（三）平台可视化实证演示

1. 文献资源向量化步骤

文献资源向量化的步骤包括文献预处理、文本分词与词库构建、权重计算与文本编码、文本向量化以及向量化数据存储与应用等多个环节（图5-17）。这些步骤共同构成了文献资源向量化的完整流程，为后续的数据处理和分析提供了有力的支持。

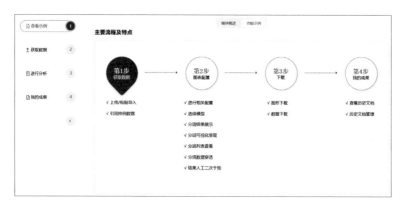

* 图5-17　文脉知识向量化的基本步骤

2. 上传文献

经过文本预处理后的知识文本就可以上传到平台进行向量化。进入向量模块，创建项目，选择分词模型。通过前期已建设的人名、地名、机构、官制、时间、事件等实体语料库，故在上传环节需同步引用实体语料库，以提高分词的准确性，并加快实体消歧的节奏。演示效果如图5-18所示。

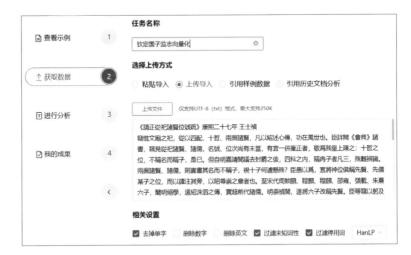

* 图5-18　新建向量化项目演示效果图

3. 词向量文献编改

为了提高自动分词的准确率，也为后期的实体消歧和实体对齐提供助力，平台在借助大模型的基础上还通过人工审核和校验的方式，实现对实体自动识别和关联的进一步确认和修正，确保了向量化结果的可靠性。演示效果如图5-19所示。

4. 专有名词属性控制

由于本研究的文献资源来源广泛，简单地从词向量提取系统抽取的关系属性呈现出极大的不规范性，因此关系属性的规范控制就显得至关重要。规范的关系属性有助于确保信息的准确性和一致性，提高信息检索和处理的效率，同时也有助于减少歧义和误解，使不同系统或平台之间的信息能够相互兼容和共享。具体步骤可概括为去除重复数据、纠正错误数据、不同数据源中的数据统一表示等。演示效果如图5-20和图5-21所示。

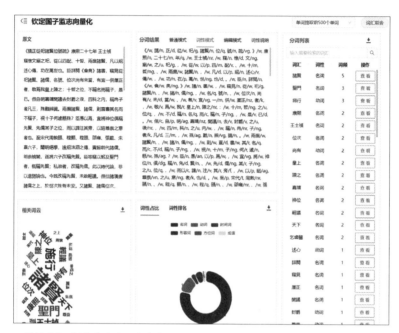

* 图5-19 词向量编改及统计演示效果图

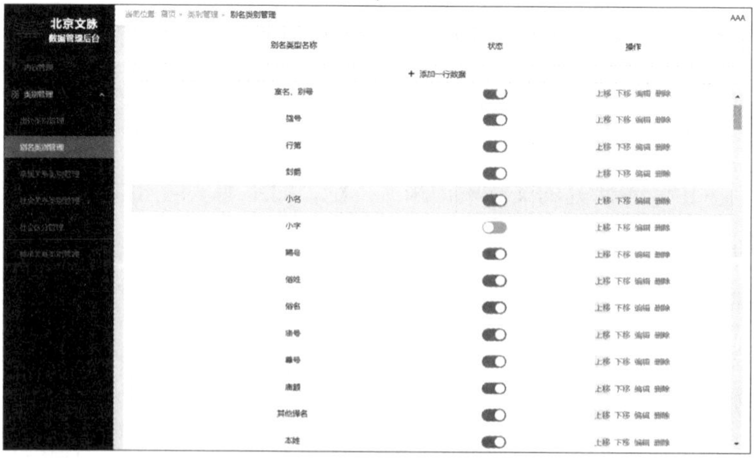

* 图5-20 人物实体别名规范类属性演示效果图

* 图5-21　人物实体师承属性规范类演示效果图

5.专有名词实体对齐

对于历代文化遗产中复杂的实体名称变异问题，平台引入了机器学习技术，通过训练模型来识别并关联不同名称的同一实体。同时，对于特殊长尾低频名词，平台采用了有监督的学习方法，利用标注好的训练数据和专业词典的词条来训练模型，经过多轮次迭代更新，使其能够提高实体消歧的命中率。演示效果如图5-22和图5-23所示。

* 图5-22　人物别名类实体对齐示意图

*关系人是当前人物的	*关系人名	出处	页码	备注	操作
		+ 添加一行数据			
祖父	纪天申	请选择出处	请输入	请输入	上移 下移 删除
外祖父	张藻	请选择出处	请输入	请输入	上移 下移 删除
父	纪容舒	请选择出处	请输入	请输入	上移 下移 删除
岳父	马周箓	请选择出处	请输入	请输入	上移 下移 删除
子	纪汝佶	请选择出处	请输入	请输入	上移 下移 删除
子	纪汝傅	请选择出处	请输入	请输入	上移 下移 删除
三子	纪汝似	请选择出处	请输入	请输入	上移 下移 删除
从兄	纪昭	请选择出处	请输入	请输入	上移 下移 删除
兄	纪晫	请选择出处	请输入	请输入	上移 下移 删除
孙子	纪虚馨	请选择出处	请输入	请输入	上移 下移 删除

注：有具体年月日，填写规则以yyyy年mm月dd日；页码直接添加数字即可

* 图5-23　人物社会关系对齐示意图

6. 实体关联

实体关系展示是北京文脉知识服务平台的一大亮点。该平台不仅展示了实体之间的直接关系，还深入挖掘了它们之间的间接关系和潜在联系。通过实体关系的展示，用户能够更加清晰地了解文化遗产之间的内在联系，从而加深对文化遗产整体的理解和认识。图5-24所示的是纪昀的人物关联。

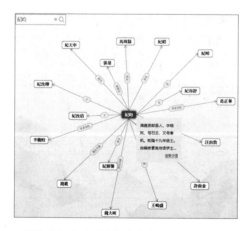

* 图5-24　纪昀的人物关联图

7. 人物关系图谱

社会历史由人组成，地方文脉由人塑造。北京是历史名人聚集生活的区域，也是重要历史事件上演的舞台。这些历史名人的人生轨迹、社会交往关系与社会历史进程的时间、空间投影之间存在高度相关的变动趋势。把人物社会关系置于时空架构下，会明显反映出北京文脉塑造进程。演示效果如图5-25所示，图的每一个点都是相关历史人物，其大小与文脉向量知识库中的人物权重及关系频度相关，这也就是在本图中张之洞所在的点位直径明显小于三任国子监祭酒的王懿荣的原因。

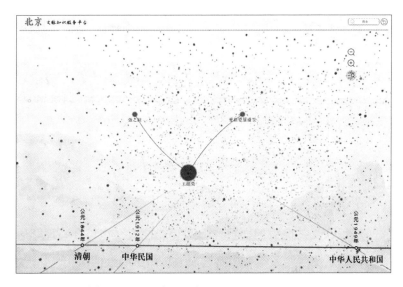

* 图5-25　时空架构下的人物关系图谱

8. 事件图谱

时间轴，作为一种记录历史进程的工具，它将一系列事件按照时间顺序排列，形成一条连续的时间序列。这条序列不仅涵盖了历史上的重大时刻，还精细地描绘了每个事件的发生时间、地点以及其对后续历史的影响。时间轴的构建，可以帮助我们更好地把握整体脉络，从而加深对特定事件背景、影响力以及它们之间相互关联的认知。演示效果如图5-26所示。

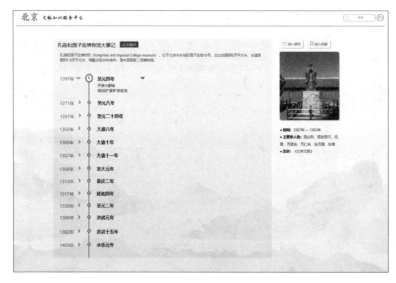

* 图5-26　时间轴上的文脉事件综览

9. 智能问答

知识库支持高效的向量计算和智能检索操作，准确理解用户的查询意图。这意味着用户可以通过简单的查询语句，快速、准确地获取到与北京文脉相关的文献知识。无论是历史遗迹的介绍、文化传统的阐释，还是非遗物产的展示，知识库都能为用户提供详尽且准确的内容。图5-27所示的是有关纪昀和国子监关系的智能问答结果。

*图5-27　智能问答演示效果图

10.原文关联阅读

智能问答能够迅速响应用户的即时需求，但往往只能提供片段化的信息。原文阅读则能够为用户提供完整、系统的信息框架，有助于形成更全面的认知，迈向深度探索，激发批判性思维与独立见解的形成。原文阅读不仅是获取信息的手段，更是文化传承、智慧启迪与心灵滋养的源泉。北京文脉知识服务平台提供从智能问答到原文阅读的全方面体验。图5-28所示的是《钦定国子监志》部分原文关联阅读演示效果。

六、本章小结

本章主要以北京文脉资源为研究对象，包括北京文脉资源组织、数据集及本体构建、信息抽取实验和知识服务平台设计。通过系统梳理与数字化呈现北京文脉资源、关键技术突破以及

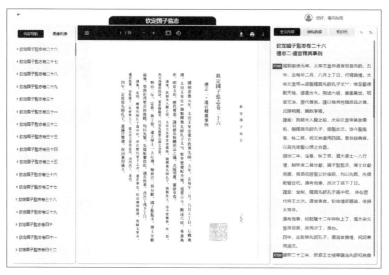

* 图5-28　原文阅读演示效果图

知识服务平台的设计与实现，本章不仅展示了数字技术在历史
文化资源挖掘与传承方面的巨大潜力，也为其他地区的数字人
文项目提供了有益的借鉴和参考。

　　第一，数字人文作为一种新兴的跨学科研究方法，为北京
文脉资源的研究提供了全新的视角和手段。传统的对北京历史
文化的研究多依赖于历史文献、考古发现等实体资料，而数字
人文则通过数据集的构建、本体的建设以及智能技术的运用，
实现了对这些资源的深度挖掘和高效整合。例如，北京文脉数
据集不仅涵盖了历史文献、考古发现，还纳入了地方志、碑刻
拓片等多元化信息，这种跨媒介的数据整合，极大地丰富了研
究的广度和深度。同时，通过对地名、人物、时间、物品等本
体的构建，以及对实体关系的抽取，数字人文技术使北京文脉
的复杂关系网络得以清晰呈现，为学术科研提供了更为精确和

全面的数据支持。

第二，多维度、多层次的数据结构设计是实现资源有效组织的关键。在北京文脉资源组织的过程中，数据结构设计起到了至关重要的作用。本研究通过构建一套多维度的数据表体系，包括地名表、沿革表、人物表、事件表等，实现了对北京文脉资源的全面覆盖和系统分类。这种设计不仅便于数据的存储和检索，更重要的是，它能够通过关联字段将各个表格连接起来，形成一个完整、有机的文脉数据集网络。这种网络化的数据结构，使研究者便捷地追溯北京历史的变迁过程，了解各个历史时期的重要事件和节点，以及它们对北京地名、疆域、行政归属等方面的影响。同时，通过对人物和事件的深入挖掘和整理，研究者可以更加全面、深入地理解北京文脉所承载的文化意义和社会功能。

第三，知识服务平台的建设是推动数字人文研究深入发展的重要途径。北京文脉知识服务平台的建设，是数字人文研究深入发展的重要体现。该平台通过信息的数字化、知识的组织、事件的主题聚类和记忆图谱的构建，实现了对北京历史文化资源的深层次加工与多维度关联。平台不仅提供了丰富的数据资源和强大的数据处理能力，更重要的是，它通过智能问答、可视化展示等交互手段，为用户提供了便捷、直观的知识获取途径。这种智能化的知识服务，不仅提高了研究效率，也降低了研究门槛，使得更多的学者和公众能够参与到北京文脉的研究中。同时，平台还通过提供内容生产工具和文化体验导览等功能，促进了北京文化的传承和创新，推动了文化和旅游的深度融合。

第六章

研究结论与展望

　　数字人文研究与实践是一个充满活力和潜力的领域，它将现代信息技术与人文研究深度融合，为人文学科的繁荣与进步注入了新的活力。数字人文研究的重要性在于它利用现代信息技术手段，深度挖掘和重新诠释人文领域的知识与文化遗产，不仅拓宽了人文研究的边界，还促进学术创新与文化传承的深度融合。通过数据分析、可视化展示及跨学科合作，数字人文研究使复杂的人文现象得以更直观、系统地展现，为理解人类历史、文化和社会提供了新的视角和工具，对于推动人类文明进步具有重要意义。撰写本书的目的是通过梳理数字人文的发展脉络，对数字人文的基础理论和技术方法进行探讨，为理解数字人文的生态体系和应用价值提供清晰的框架和丰富案例。同时，本书以北京文脉项目为例，探讨了数字人文在地方文化研究领域中的具体应用，为数字人文实践提供了理论参考与可行方案。

一、研究成果与创新

（一）研究成果

1. 梳理数字人文较为清晰的理论和技术框架

　　本书尝试对数字人文的定义与理论体系进行梳理总结，并针对数字人文研究中常见的3类对象——文本、图像和空间搭建了流程体系与技术框架。鉴于数字人文具有跨学科和包容性的特点，本书结合国内外学者的调研，勾勒了一幅包含了基础数据、基础设施、理论方法和应用领域4个层次的数字人文全景图，并重点介绍了其中的3大核心要素：知识表示、基础设施和理论方法。在理论方法层面，作为由数据驱动的研究范式，数字人文的理论方法可归纳提炼为从数字建模到界面批判的数字方法和从计算思维到批判思维的数字思维。在技术框架方面，本书重点介绍了文本分类、文本聚类和文本信息抽取等文本常用技术方法，详细阐述了图像处理、关联以及多维度图像智慧系统的内容，以及地理信息系统，以期能深入浅出地为数字人文领域的研究人员提供方法论层面的参考。

2.运用向量化技术构建北京文脉向量知识库

向量知识库的建立对于提升大语言模型在人文历史领域的准确性和权威性方面起着至关重要的作用。本研究立足于北京史学，涵盖历史、建筑、城市发展、文化与社会变迁等多个领域，采用向量化技术如Word2Vec、GloVe以及BERT，通过将历史事件、人物、地点等信息转换为向量形式，提供了一种结构化的知识表示方法。构建的北京文脉向量知识库有助于大模型更清晰地理解历史背景和事件之间的关系，为模型提供了全面的历史视角，减少了片面或错误信息的产生。北京文脉向量知识库还支持从多个维度分析北京历史事件，提供更深入的见解，从而使得大语言模型在人文历史领域的应用更加可靠和权威。

3.打造北京文脉的时空记忆内容

本书以北京文脉为研究实践，深度聚焦于北京作为历史文化名城的独特文脉，通过跨学科的方法论，系统性地探索了城市记忆在物理空间与数字领域中的融合机制。该机制的核心是通过数据转化、数据提取、数字重建、融合生成，让实体的空间与主体的记忆经出空间叙事、认知叙事、数字叙事发生交叉，建立当下的主体感知与城市的历史之间的关系，打造链接过去与当下、个人与历史的北京文脉数字记忆。该实践内容为数字时代城市文脉的建构提供了一种全新的视角和方法,不仅展示了如何通过数字技术来保护和传承城市历史文化遗产,也为我们如何在数字世界中构建和维护城市的身份与记忆提供了宝贵的经验。

(二)主要创新点

第一,作为公共图书馆开展数字人文研究的一项探索性实践,本书将大数据、人工智能、可视化技术等数字人文技术手段用于公共图书馆特色资源建设实践中,既符合数字人文发展的趋势,又为公共图书馆在数字时代下打造独特的资源体系和服务模式提供了有力借鉴。第二,本书基于当前新兴的大模型开展信息抽取实验,通过结合自然语言处理技术、深度学习算法以及大规模语言模型的能力,提高信息抽取的效率和准确性,为文学、史学、文化遗产等领域提供了新的研究方法和工具。第三,本研究构建了北京文脉向量知识库。与传统的数据库系统相比,向量知识库不仅能够处理多种类型的数据,包括文本、图像、音频和视频等非结构化数据,还能够执行复杂的向量查询,如基于相似度的搜索。这种能力在数字人文研究的数据和实践中尤为重要,能够满足不同领域研究人员的复杂需求。第四,在北京文脉项目的实证研究中,本书在充分审视数字时代背景下集体记忆与个人记忆的空间聚合特性的基础上,创新性地提出了"空间记忆营造"的概念,为数字人文研究和实践打开了新思路,有助于推动城市文脉的数字化重构,为如何在数字化浪潮中保护、留存、推广城市身份与记忆提供了新参考。

（三）成果的主要价值和影响

1. 学术价值

本书从跨学科、多领域的数字人文案例入手，综合运用文献调查、比较研究、实证研究等多种技术方法，深入研究了数字人文领域研究现状与实践方面的最新成果，基于我国数字人文领域发展需求引入理论，构建了数字人文较为清晰的理论和技术框架，为将来数字人文领域的发展与创新制定相关制度与标准提供参考。在实证研究部分，本书以"北京文脉"为研究对象，根据首都图书馆馆藏资源，结合实地考察等方式，收集了丰富的北京文脉相关信息，构建了北京文脉向量知识库，为数字人文研究和实践提供了宝贵的数据资源。此外，"北京文脉"本身也可作为融合北京文化、社会、自然等多维度材料的知识平台，为北京学相关研究人员提供翔实、可靠的参考资料。

2. 应用价值

数字人文的发展促进了人文学科的共建共享，推动了人文学科研究成果以更加亲民的姿态走入大众视野。本书深入探讨了数字技术在图书馆和博物馆等机构中的应用，这些应用为公众提供了便捷的文化信息服务与沉浸式文化体验。作为本书成果之一的"北京文脉"实践研究通过空间叙事、认知叙事与数字叙事的多重叙事手法，构建了一个跨越时空界限的数字记忆内容，此项目不仅复现了北京城市的历史风貌与文化景观，还极大地丰富了数字文脉表达的层次与深度，使之更加鲜活、具象，且易于公众感知与理解。这一实践研究不仅是对传统城市文脉保护与传承方式的革新，更是数字时代下城市文化遗产活化与身份重构的积极探索。它通过技术手段实现了文化遗产的数字化保存、活化利用及跨时空传播，展示了数字技术在文化遗产保护中的潜力与价值，为其他城市在数字化转型过程中如何保留与传承自身文化特色提供了可借鉴的范式与经验。

3. 社会影响

通过研究实践，我们发现数字化、结构化、图谱化和智慧化数据对于弘扬中华优秀传统文化具有现实意义。一方面，通过数字化手段展示北京独特的历史风貌和文化魅力，能够吸引更多汉学家和国际友人的目光，促进文化交流与合作，助力提升北京作为历史文化名城的国际影响力，增强城市的文化软实力；另一方面，借助丰富的文脉资源和先进的科技手段，让传统文化以更加直观、生动的形式走进人们的视野，激发人们对传统文化的兴趣和热爱，协助更多的文化创意机构开发出更多具有市场竞争力的文化产品和服务，满足人民群众日益增长的精神文化需求，从而推动传统文化的传承与发展。

二、研究局限与未来展望

（一）研究局限

尽管本书对数字人文研究进行了较为全面而深入的探讨，但仍存在一些局限性。首先，在案例选择上选取范围相对有限，案例主要集中在我国文科领域，以文学、文化遗产、史学、艺术为主。对于其他学科和国外的数字人文项目探索有待扩充。案例数量相对有限，未能全面反映数字人文的多样性特征。其次，技术方法的深度有限，对于数字人文技术方法的介绍较为基础，未能详细罗列分析前沿技术和工具的应用案例，深入探讨其背后的原理与算法。再次，考虑到数字技术的高速发展，本书的技术体系在未来将不可避免地存在一定程度的滞后性，需要之后进一步探索更先进的技术方法。此外，在"北京文脉"实证项目的文献参考选择与内容呈现上，当前的本体库资源主要集中在文化、建筑、自然、水文地理等方面，将来需继续扩充经济、军事、社会等符合北京文脉内核的其他领域内容，进一步完善北京文脉平台建设。总而言之，本书为数字人文研究提供了一个较为全面的框架，但仍需在案例分析、技术深度、平台建设等方面进行进一步的拓展和深化。

（二）未来研究展望

随着大数据、人工智能、云计算等技术的飞速发展，数字人文不仅为传统人文研究提供了前所未有的数据资源和分析工具，也开辟了全新的研究视角和方法论。然而，尽管这一领域取得了显著进展，其内在的复杂性和多样性也揭示了诸多尚待深入探索与实践的难题，其未来发展需要探索的内容广泛而深入。

1.完善数字人文的理论体系

数字人文学科的蓬勃发展启发更多人文研究者参与其中，推动数字人文理论体系的建设与创新。广大学者与科研人员将不断探索，如数字人文与人文主义、文化认同等问题的数字人文的理论基础和哲学思考，构建更加完善的理论体系，摸索出一条适合我国特有资源与国情，符合我国国民审美与需求的有中国特色的数字人文发展道路，推动数字人文研究走入深水区。数字人文也将有望成为一门独立的学科，在更多高等院校的教学体系中出现，拥有自己的研究体系、学术期刊、学术会议等，为人文科学的繁荣与进步贡献新的力量。

2. 推动数字人文加工规范标准建设

数据的质量是开展数字人文研究的基础性工作，数据的准确性、完整性和可访问性以及不同数据源之间的统一标准和规范将直接影响数字人文研究的整体质量和可持续性发展。我们应当在借鉴国内外相关领域的标准规范的基础上，针对数字人文领域的特殊需求，制定新的数据标准和规范，形成一整套完整的标准规范体系，从而打破数据孤岛，促进不同数据源之间的无缝对接和互操作，使得研究者能够轻松地在不同数据集之间进行交叉比对和分析，提高研究效率。

3. 探索人工智能与数字人文的深度融合

随着人工智能、大数据、云计算等技术的不断进步，以及人文学科与数字技术融合的不断深入，数字人文领域将迎来更加广阔的发展前景。人工智能与数字人文将更加深度融合，大语言模型、机器学习、深度学习等人工智能技术将更深入地应用于数字人文研究，实现文本分析、知识图谱构建、智能问答等功能的自动化和智能化，大幅提升研究效率和质量。虚拟现实和增强现实技术将为数字人文研究提供更加沉浸式和交互式的体验，例如，构建历史场景的虚拟还原、文化遗产的数字化展示等，让用户能够更加直观地感受和体验数字人文领域的研究成果。此外，相关的作品版权与学术成果的知识产权保护也将通过技术手段进一步加强。区块链技术将为数字人文研究提供更加安全、可靠和可追溯的数据管理方式，例如，构建可信的数字档案、确保学术资源的版权保护等。

在信息技术和数字人文迅速发展的今天，我们发现，尽管本书尝试详尽阐述数字时代下人文研究领域的变革与创新，但呈现的内容仅仅是数字人文研究广阔前景的冰山一角。未来，随着人工智能、虚拟现实等技术的不断突破，数字人文的发展将不断深入，呈现出更加系统化和科学化的规范体系，为人文科学的繁荣与进步贡献新的力量。